일은 줄이고
삶은 즐기는
완벽한 직장인

사장 마인드로 일하는 업무 비법 33
일은 줄이고 삶은 즐기는 완벽한 직장인

초판 1쇄 인쇄 2019년 1월 3일
초판 1쇄 발행 2019년 1월 10일

지은이 최민기

발행인 백유미 조영석
발행처 (주)라온아시아
주소 서울시 서초구 효령로 34길 4, 프린스효령빌딩 5F

등록 2016년 7월 5일 제 2016-000141호
전화 070-7600-8230 **팩스** 070-4754-2473

값 14,500원
ISBN 979-11-89089-56-6 (03320)

이 도서의 국립중앙도서관 출판시도서목록(CIP)은 서지정보유통지원시스템 홈페이지(http://seoji.nl.go.kr)와 국가자료공동목록시스템(http://www.nl.go.kr/kolisnet)에서 이용하실 수 있습니다.
(CIP제어번호 : CIP2018041644)

일은 줄이고 삶은 즐기는 완벽한 직장인

사장 마인드로
일하는
업무 비법 33

최민기 지음

RAON
BOOK

프롤로그

왜 프로 직장인이 되어야 하는가

"조직은 시스템으로 돌아간다. 저런 놈 하나 빠져도 우리 회사는 문제없어!"

사직서를 내고 떠나는 직원들에게 회사는 이렇게 말한다. 회사를 떠나면 안 될 것 같은, 회사가 붙잡아야 할 것 같은 실력 있는 선배들과 자질 있는 후배들이 회사를 그만두는데도 말이다.

나는 대기업 무역상사에 공채로 입사하여 13년간 다니면서 수많은 사례를 지켜봤다. 우수한 인재 하나가 빠져나가 팀 매출이 반 토막 나는 것을, 능력 있는 직원 하나가 회사를 떠난 후 신사업이 중단된 것을. 한 명의 뛰어난 담당자를 잃는 것은 그가 관리하던 건실한 거래 업체들을 같이 잃는 것과 같았다. 반면에 한 명의 무능한 존재가 회사 전체를 휘청거리게 하는 것도 지켜봤다.

개인이 기업을 강하게 만든다

2010년 우연히 성공 신화의 주인공인 중견 기업 회장의 강연을 들은 적이 있다. 그는 직원들에게 "회사를 위해 일하지 말고, 자신의 성공을 위해 일하라"고 했다. 그는 알고 있었다. 자기 분야에서 최고의 전문성을 갖춘 상위 1퍼센트, 프로 직장인이 되기 위해 노력하는 사람은 어차피 회사를 위해 고민하고 회사를 발전시킬 수밖에 없다는 사실을 말이다. 한마디로 개개인의 역량이 기업을 강하게 만든다는 것이다.

하지만 내가 지켜본 현실은 많이 달랐다. 기존 업무 방식과 사고 범주에서 벗어나, 현안을 깊이 파고들어 의견을 개진하고 아이디어를 내는 사람들은 번번이 회사와 부딪혔다. '4차 산업혁명의 선구자'를 자칭하며 이름뿐인 혁신을 외치는 속칭 '청바지 입은 꼰대들'과 말이다. 그리고 그들의 평가에는 레퍼토리가 있다. 처음에는 개인주의적인 놈, 동료애가 없는 놈에서 시작하여, 조직에 헌신하지 않는 놈, 로열티가 없는 놈으로 발전했다가, 결국에는 싸가지 없는 놈이 되었다.

하지만 내가 본 대부분의 그 '싸가지 없는' 분들은 자기 업무에 전문성을 갖춘 핵심 인재들이었으며, 국내외 파트너들이 신뢰하는 우리 회사의 자산이었다. 한마디로 그들은 프로 직장인이었다.

윗사람 말 잘 듣고 회사 시스템에 맞춰 기존의 낡은 방식으로 '기계부품'처럼 일하던 시대는 이미 오래전에 끝났다. 최소 10년 전부터 기업들은 변화해야 했다. 특히 사람이 최고의 자산인 무역상사의 경우 더 먼저 깨닫고 움직였어야 했다. 회사는 체계적인 프로그램을 통해 전문가를 양성하고 관리했어야 했다.

프로 직장인으로 살아야 한다

'회사가 나한테 해주는 것도 없는데, 내가 왜 회사를 위해 열심히 일해야 하나'라고 생각하는가. 아니다. 그런 회사라 해도 언제까지 불만만 가져서는 안 된다. 스스로 내 사업 분야의 전문가가 되어야 한다. 시간이 없다. 남들보다 더 빨리, 더 많이, 더 깊은 전문지식으로 남들이 따라올 수 없도록 앞서가야 한다. 그래서 내가 회사를 필요로 하는 것이 아니라, 회사가 필요로 하는 강한 사람이 되어야 한다.

그러기 위해서 꼭 알아야 할 것이 있다. 남들보다 일을 더 많이 하고, 더 오래 하고, 더 힘들게 일하는 것은 일을 잘하는 것이 아니다. 그런다고 돈을 잘 버는 것도 아니다. 프로 직장인은 내 사업의 원리를 깨우침으로써 전문성을 갖는다. 그렇게 해야 경쟁력이 생긴다. 더 체계적으로, 더 신속하게, 더 효율적으로 성과를 내는 것이다. 그리고 그것을 깨닫는 시점에 돈은 어느새 자신의 곁에 와 있다. 그러므로 빨리 배워야 한다. 그래야 성과도 빨리 거둘 수 있으니 말이다.

나는 13년간 회사에 가기 싫었던 적이 한 번도 없다. 전날 바이어를 만나 술을 많이 마셔서 출근길에 몸이 힘든 적은 있어도, 회사에 가는 것 자체가 싫었던 적은 없다. 매일매일 회사에 가는 것이 즐거웠다.

다른 직장 동료들이 '어디는 연봉이 얼마고', '어디는 어떤 복지가 좋고' 하는 이야기를 저녁 술자리의 안줏거리로 삼았다. 하지만 나는 불만을 가질 시간도 없었다. 배울 시간도 모자랐으니 말이다. 그래서 매일매일 배울 수 있는데, 월급까지 주는 회사가 오히려 고마웠다.

나는 그룹 최연소로 해외생산수출법인의 법인장이 되어 5년 동안 일했다. 그러다 마지막 해인 2017년에 나는 많은 고민을 했다. '나도 남들과 똑같은 월급을 받는데 왜 전문가 운운하면서 일부러 험난한 길을 가는 것일까.'

하지만 그 이유는 간단했다. 회사에서 퇴직하고 후회하는 사람들처럼 되고 싶지 않았기 때문이다. 나는 성공한 중소·

중견 기업 CEO들을 만나면서 느낀 그 희열을 60세까지, 그 이후까지도 이어가고 싶었다. 그들 모두 프로 직장인들이었다. 그들의 삶은 내가 일(job)이 아닌 업(business)을 찾는 방법에 확신을 주었다. 내 분야에서 최고의 전문가가 되어 늘 활기찬 인생을 살고 싶었다. 그러한 준비 과정이 내 회사를 강하게 만들고, 부를 따라오게 하고, 후회 없는 삶을 만드는 지름길이라고 믿는다.

프로 직장인의 모든 것을 담다

이 책은 시간 약속을 잘 지켜라, 남들보다 일찍 출근하라, 창의적으로 생각하라는 유의 자기계발서가 아니다. 자기 분야에서 어떻게 프로가 되었는지 내가 직접 실천한 방법과 그 과정에서 만난 성공한 CEO들의 가르침까지 포함했다. 대리 때 실력을 인정받아 법인장을 지낸 한 직장인의 13년간의 비밀 노트를 들여다보게 되는 것이다.

나는 13년간 하루도 거르지 않고 매 순간 개인적인 기록을 했다. 내 분야에서 전문가가 되기 위한, 아니 그다음 단계까지 이르기 위한 열망이 그만큼 컸는지 모른다. 회사 생활 전반에서 업무와 관련하여 배운 지식과 경험, 실수와 실패로 깨달은 가르침과 아이디어, 그리고 조직 운영과 대인관계에서 뼛

속 깊이 느낀 감정 등 회사 생활 전반을 정리한 기록이다. 1세대 자수성가형 국내외 CEO들로 연 매출액 200억~3,000억 원에 이르는 중소·중견 기업을 이끌고 있는 사람들이 알려준 값진 인생 교훈과 사업 성공의 열쇠들까지 빠짐없이 적었다.

2018년 9월 나는 그 메모들을 종합하여 만든 매뉴얼의 일부, A3 용지 200쪽 분량을 들고 출판사를 찾아갔다. 그리고 그 매뉴얼들을 많은 직장인들과 사업가들에게 도움이 되도록 정리하고 체계화하여 한 권의 책으로 빛을 보게 되었다. 다시 한 번 라온아시아 대표와 관계자들께 감사한다.

이 책 1장에는 '왜 완벽한 직장인이 되어야 하는가'에 대한 이유를 정리했고, 2장에는 완벽한 직장인이 갖추어야 할 능력과 직접 겪은 사례를 같이 풀어냈다. 3장과 4장에는 내가 직접 실천한 '완벽한 직장인이 일하는 방식'을 상세하게 설명했다.

나는 상사맨이었다. 그리고 지금도 해외사업과 무역 관련 일을 하고 있다. 이 글을 읽는 독자들은 저마다 업무 분야가 다를 것이다.

하지만 모든 비즈니스의 원칙과 원리, 그리고 전문성을 쌓는 방법은 유사하다고 생각한다. 나의 기록에 대한 믿음과 남다른 경험이 최고를 꿈꾸며 설레는 마음으로 미래를 준비하는 예비 상위 1퍼센트의 독자들, 예비 프로 직장인들에게 큰 도움이 될 것임을 확신한다.

13년간 하루도 거르지 않은 기록의 흔적

차례

2장

'할 일'과 '하지 말아야 할 일'을 구분하면 삶이 즐겁다

완벽한 직장인의 내공 레벨업 스킬 10가지

3장

남들보다 더 많이, 더 오래, 더 힘들게 일하지 않기

완벽한 직장인이 일하는 방식

4장

일과 삶에서 주인으로 성장하기

완벽한 직장인의 필살 스킬 6가지

1장

월급쟁이로 사는 워라밸 시대?

대리처럼 일하는 임원 vs 사장처럼 일하는 대리

01

완벽한 직장인은 일도 삶도 놓치지 않는다

○

사업하기가 더 쉬워졌을까? 아니, 질문을 바꿔봐야겠다. 지금은 사업이 무엇인지 알기가 더 쉬워졌는가? 아니다. 더 어려워졌다고 생각한다. 사업의 본질은 그대로인데, 그 본질을 들여다보기가 힘들어졌기 때문이다.

○

그런데 왜 가장 중요한 인생에는 투자하지 않는가. 인생에 대한 투자는 더 오래 걸리고 더 고된 과정이다. 하지만 더 오랫동안, 더 즐겁고, 더 많은 금전적 보상을 할 것이다. 프로 직장인이 되는 것은 인생에 투자하는 것이다.

이 책을 쓰면서 지난 기억을 되새겨보았다. 언젠가 스스로에게 던진 질문에 대한 해답을 찾기 위해 고민했던 기억을 말이다. 사업 전반에 관한 정보의 접근이 용이해지고 다양한 관련 기술은 발달하는데, 왜 직장인으로서 내 전문 역량은 더 줄어든다는 느낌이 드는 것일까. 쉽게 말해 세상이 좋아져서 일은 편한데, 마음이 편하지 않았다.

그런데 사회생활 초반에 퇴직 후 사업을 하는 사람들을 만나면서 일부 답이 보였다. 내가 처음 입사할 당시만 해도 회사에서 하던 업무를 기반으로 자기 사업을 시작하는 사람들이 많았다. 맡고 있던 분야가 다르다 보니 그들의 사업 내용도 다양했다. 지금도 무역상사의 각 팀들은 독립된 회사처럼 개별적으로 움직이고 있다. 퇴사 후 자기 사업을 하는 사람들에게는 한 가지 공통점이 있었다. 그들은 일상생활을 비롯한 모든 산업 분야에서 인터넷 기술 발달로 인한 정보화와 자동화를 경험해보지 못한 사람들이었다. 기술 문명의 혜택 없이 사업의 전(全) 과정을 본인의 손으로 하나하나 직접 해야 했던 것이다. 말하자면 IT 통신의 발달 이전에 사업을 시작한 것이다.

그렇다면 지금은 어떠한가? 발달된 기술 덕분에 사업하기가 더 쉬워졌을까? 아니, 질문을 바꿔봐야겠다. 지금은 사업이 무엇인지 알기가 더 쉬워졌는가? 아니다. 더 어려워졌다고 생각한다. 사업의 본질은 그대로인데, 그 본질을 들여다보기가 힘들어졌기 때문이다. 사업의 기본은 그대로인데, 눈앞에서 현혹하는 새로운 기술들과 쉽고 편한 것에 이끌리는 인간의 마음으로 인해, 그것이 잘 보이지 않는다는 뜻이다.

나는 회사를 다니면서 디지털 문명이 가져온 변화를 직접 겪어보았다. 사업 아이템 자체의 기술적인 변화도 있었고, 수출입 및 유통과 판매 전반에 걸친 발전도 있었다. 회사의 일상적인 업무도 마찬가지다. 손으로 적고 관리하던 자료들이 하나둘 전산화되었고, 프로그램의 개발로 수치화가 가능한 모든 것이 자동화되었다. 하지만 이것은 무턱대고 좋아할 일이 아니었다. 내가 하는 일들이 점점 더 세분화되어 떨어져나갔다. 그렇게 해서 내가 직접 해보면서 배울 기회도 사라졌던 것이다. 그리고 내 머리를 쓸 일이 점점 줄어들었다. 즉 내

할 일이 점점 줄어든 것이다. 그렇다. 새로운 산업혁명을 거칠수록, 우리나라가 선진국이 되어갈수록 샐러리맨들이 설 자리는 점점 더 줄어든다. 내 일(job)이 아예 없어지거나 나는 점점 더 작은 부품으로 전락하게 된다는 것이다.

샐러리맨은 부품, 프로 직장인은 완성품을 만드는 사람

부품으로서의 삶을 벗어나는 방법은 하나다. 내 사업 분야에서 전체를 보고 완성품을 만들어내는 전문가가 되는 것이다. 그러지 않고서는 부품과 같은 삶을 벗어나지 못하고 계속 다른 부품이 될 뿐이다. 이것이야말로 프로 직장인이 돼야 하는 이유이고, 이 책을 쓴 목적이다. 이것이 나를 남과 차별화하는 유일한 방법이다.

우리나라는 아직 개인의 실력과 능력, 그리고 그 개인들이 만들어내는 성과만으로 평가하는 수준에 이르지 못했다. 내가 처음 직장 생활을 시작한 2000년대 중반, 금융위기 이전의 모든 것이 좋았던 시절을 기억하고 그때처럼 행동하는 사람들이 아직도 많기 때문이다. 그때는 장유유서(長幼有序)의 유교적 관습이 아직도 남아서 나이와 위계질서를 중시하고, 남들보다 튀지 않는 것이 사회생활의 미덕으로 여기며, 기존 업무와 사고의 범주 내에서 자기 역할을 하는 것이 최고로 인정받았다.

하지만 과거의 10년과 앞으로의 10년은 큰 차이가 있을 것이다. IMF 전후를 직접 지켜본 사람들은 대부분 회사에 남아 있지 않다. 회사를 떠나는 것을 넘어 아예 사회생활을 하지 않는 사람들도 많다. IMF를 겪은 세대가 회사에 남아 있다면 이미 50세가 넘은 임원들이다. 그 많던 직장인들은 다 어디로 갔을까. 그리고 앞으로 10년은 새로운 산업혁명에 힘입어, 금융위기를 겪어본 사람들까지 빠르게 사회에서 떠나게 만들 것이다. 그때는 어려움을 함께하고 즐거움을 나눴던 시간을 기억하는 사람이 없을 것이다. 그나마 조금 남아 있는 인정과 약간의 양보, 최소한의 배려조차 사라질 것이다. 회사에는 치열한 경쟁 속에서 살아온 지금의 '젊은' 사람들만 남는다. 그리고 그들보다 더 냉혹한 사회를 경험한 '더' 젊은 사람들로 채워질 것이다.

아직 산업 전반에 뿌리내리지 못한 초기 4차 산업혁명이 앞으로 10년 후에는 그 꽃을 피울 것이다. 그 꽃이 모든 사업 분야를 물들이는 날이 올 것이다. 샐러리맨들은 더 세분화되고 더 단순화된 부품이 될 것이다. 배울 기회는 더욱 없어지고, 설 자리도 좁아질 것이다. 하지만 시키는 대로 잘하는 부품들은 이미 상향 평준화되어 있다. 기회가 없어지고, 자리는 줄어드는데 얼마 안 되는 것을 놓고 경쟁하는 사람들은 모두 뛰어난 '스펙'을 갖추었다는 이야기다. 모든 사업 분야가 마찬가지다. 시대의 변화를 확인하기 위해 내가 만나는 다양한 사업 분야의 종사자들에게 묻고 또 묻는 것이다.

부품은 생산 연도가 중요하지 않다

예전에 퇴직한 임원이 나에게 이런 말을 했다. "나이 마흔인 너와 쉰 살이 넘은 나는 하나도 다를 것이 없다. 내 몸도 마음도 너와 똑같이 일할 수 있다." 그의 나이는 56세였다. 부품으로서의 삶은 언제든지 교체될 수 있다. 그리고 언젠가 교체되는 날은 반드시 온다. 북미와 유럽 선진국에 출장을 갔을 때 업체들의 사무실을 둘러보면서 그날이 올 것이라고 확신했다. 그 나라에서는 서른이 넘은 사람도 물류 매니저이고, 쉰 살의 아저씨도 물류 매니저다. 같이 밥 먹고 차 마시면서 일하다가 시간 되면 정확하게 퇴근한다. 마흔 살의 수출총괄이 쉰 살의 중년 여성에게 꼼꼼하게 지시를 한다. 그 중년 직원도 수출 부서 직원답게 꼼꼼하게 메모한다. 그리고 대학을 갓 졸업한 20대 초반의 신입사원과 족히 예순은 넘어 보이는 중년 신사가 책상에 나란히 앉아 수입 서류를 챙기며 업무 협의를 한다. 어차피 둘 다 서류 담당이다. 우리 사회에도 분명 이런 상황이 펼쳐질 것이다. 어차피 기능이 똑같은 부품은 '생산 연도'가 상관없기 때문이다.

프로 직장인이 되어 주도적으로 자기 사업을 더 넓고, 더 깊게, 그리고 새롭게 끌어가는 사람만이 인정받는 시대가 올 것이다. 그렇지 않은 사람들은 부품에 불과하다. 부품 신세로 변화의 흐름에 이리저리 끌려다니게 된다. 하지만 프로 직장인은 다르다. 다가오는 변화에 끌려가는 것이 아니라 발맞춰 가는 것이다. 사업의 원리를 깨우치고 지식과 경험을 풍부히 쌓아서 전문성을 갖추는 것과 더불어 사업의 추세를 꿰뚫는 것이다. 이것만이 경쟁력이다. 그 준비를 해야 한다.

나는 그것을 준비하는 모든 과정을 '인생에 대한 투자'라고 생각한다. 당신이 아껴 모은 월급으로 하는 주식 투자를 '투기'라고 생각해본 적 있는가. 또한 전 재산을 털어 대출까지 받아가면서 산 집을 '투기'라고 생각해본 적이 있는가. 그렇게 생각하는 사람은 없다. 남들이 하면 투기고 내가 하면 투자라는 뜻이 아니다. 주식이나 부동산 투자로 각자 이루고자 하는 것이 있고, 그것을 위한 나름의 준비 과정인 것이다.

그런데 왜 가장 중요한 인생에는 투자하지 않는가. 인생에 대한 투자는 더 오래 걸리고 더 고된 과정이다. 하지만 더 오랫동안, 더 즐겁고, 더 많은 금전적 보상을 더 많이 할 것이다.

프로 직장인이 되는 것은 인생에 투자하는 것이다. 따라서 프로 직장인이 되어야 하는 이유는 인생에 투자해야 하는 이유와 같다. 이제 그 5가지 이유를 설명하고자 한다.

02

완벽한 직장인이 되는 과정은 사장이 되는 과정이다

○

프로 직장인이 된다는 것은 내 인생의 주인공으로서 직장 생활을 할 때나 퇴직 후에도 사장 마인드로 산다는 뜻이다. 그러므로 사장으로서 필요한 능력을 갖춰야 한다. 여기에 프로 직장인이 되어야 하는 이유가 있다.

○

단순히 지금 하고 있는 업무에서 전문성을 키워 '더 잘하는 것'이 사장의 능력이 아니다. 회사 전체를 보는 시야와 회사를 더 발전된 방향으로 이끄는 능력은 또 다른 것이다.

많은 사람들이 자신은 주인의식을 가지고 일한다고 말한다. 하지만 이 말은 사장(오너)처럼 일한다는 말과 같지는 않다. 그동안 직장 생활을 하면서 보니 주인의식을 가지고 일하는 사람들은 많았지만 대부분 주인의식을 가지고 직장인 마인드로 일하고 있었다. 그것을 뛰어넘어 내 회사를 경영한다는 사장 마인드와 자세로 일하는 사람은 드물었다. 내 일의 주인이라는 자세로 단순히 주어진 일만 잘하는 직장인 마인드는 부품 역할을 잘 수행할 뿐이다. 앞뒤 단계는 고려하지 않고 자기 일에 충실히 임하는 것이 그들의 최선이다. 사장 마인드와 같이 큰 그림에서 전체 과정을 통솔하고 마지막 완성품까지 고민하지는 않는다는 것이다.

이 책 3장과 4장에는 내가 생각하는 '프로 직장인이 일하는 방식'이 소개되어 있다. 특히 4장의 방식들은 크고 넓게 보는 안목을 기르고, 새로운 것을 만들어내면서, 자기관리와 리더로서 갖춰야 할 능력에 대한 것들이다. 말하자면 경영에 관한 것들이다. 직장인 마인드에게는 이런 것들이 필요하지 않다. 이런 것들은 사장 마인드로 일하는 데 필요하다. 사장에게는 자기 사업 분야의 전문성을 넘어 또 다른 능력이 필요하다는 것이다.

프로 직장인이 된다는 것은 내 인생의 주인공으로서 직장생활을 할 때나 퇴직 후에도 사장 마인드로 산다는 뜻이다. 그러므로 사장으로서 필요한 능력을 갖춰야 한다. 여기에 프로 직장인이 되어야 하는 이유가 있다. 직장인 마인드로 살면 회사에서도 인정받지 못한다. 더 높이 올라갈 수도 없다. 아무리 임원이 된다 하더라도 남들이 더 잘 안다. 과장 마인드 임원은 아무리 직급이 높아봐야 과장 수준밖에 되지 않는다는 것을 말이다. 자기 인생에서도 조연은 아무리 잘나봐야 계속 조연으로 살아갈 뿐이다.

가까이서 세 번 보고 멀리서 일곱 번 보라

풍수에서 터를 볼 때 강조하는 것이 '근삼원칠(近三遠七)'이다. 좋은 땅을 고를 때, '가까이서 세 번 보고 멀리서 일곱 번 보라'

는 뜻이다. 가까이서 보는 것보다 멀리서 보는 횟수가 두 배 더 많은 것은 그만큼 멀리서 보는 것이 중요하기 때문이다. 이 말을 회사 생활과 접목해보았다. 강한 회사, 미래가 있는 회사의 경우 직원들이 당면한 업무를 수행하는 것이 3이라면, 사장이 멀리 보고 판단하여 결정하는 것이 7이다. 사장의 능력이 더 중요하다는 것이다. 사장의 능력이 회사를 흥하게 할 수도 있고, 한순간에 그 반대의 경우로 끌고 갈 수도 있다.

나는 서른 살 초반에 풍수에 관해 심도 있게 배운 적이 있다. 가까이서 보는 방법이 10가지 있다면, 멀리서 전체적으로 보는 방법은 20가지가 넘는다. 회사도 마찬가지다. 사장이 되려면 업무 전문성 이상의 또 다른 능력이 필요하다. 단순히 지금 하고 있는 업무에서 전문성을 키워 '더 잘하는 것'이 사장의 능력이 아니다. 회사 전체를 보는 시야와 회사를 더 발전된 방향으로 이끄는 능력은 또 다른 것이다.

회사에는 '김 대리', '박 대리'라는 별명으로 불리는 임원과 사장들이 있다. 그들은 내가 이야기하는 사장 마인드가 없는 사람들이다. 사장의 능력이 없다는 것이다. 사장을 하라고 자리에 앉혀줬는데 대리처럼 일하면 대리 월급을 줘야 한다. 사장은 사장처럼 일해야 하는 것이다.

사장 마인드를 가져야 진짜 사장이 된다

사장 마인드에서 가장 중요한 것은 사람 관리다. 아무리 회사를 잘 갖추고, 큰 그림을 그리고, 좋은 아이디어를 생각하면 무엇 하겠는가. 그것을 실행하는 것은 사람이다. 그러므로 프로 직장인이 되기 위해서는 사람 관리 능력이 무엇보다 필요하다. 누구나 관리자의 위치에 올라가게 마련이므로 직장 생활뿐 아니라 개인 사업을 위해서도 반드시 필요하다. 사람 관리는 나 혼자 잘났다고 할 수 있는 것이 아니다. 그렇게 생각하면 대리 같은 사장이 될 뿐이다. 사장은 사람을 잘 써야 한다. 인재를 써야 한다는 것이다. 왜냐하면 진정한 사장, 즉 진짜 사장 마인드를 가진 사람은 소수의 뛰어난 사람들이 회사를 끌어가고 나머지는 따라갈 뿐이라는 것을 잘 알고 있기 때문이다.

그래서 사장 마인드를 갖추지 못한 관리자들은 현명하고 냉철하게 조직 관리와 인재 관리를 할 수 없다. '팀워크'라는 핑계로, '가족 같은 회사'라는 명목하에 회사에서 내보내야 할 사람은 끌어안고, 회사를 위해 꼭 붙잡아야 하는 사람은 쉽게 내보낸다. 회사에서 내보내야 할 사람을 끌어안았을 때 팀과 회사 전체 분위기가 나빠지는 것은 큰 문제도 아니다. 대부분 이런 사람들이 팀을 곤경에 빠뜨리거나, 크게는 회사 전체를 위험에 빠뜨리는 상황을 만든다.

대부분의 직장인들은 이런 사례를 한두 번 이상 지켜봤을 것이다. 그러고는 항상 뒤에서 이렇게 수군거린다. "저 사람, 저럴 줄 알았어." 모두 다 그럴 줄 알았으면서 왜 아무도 그 사람을 내보내지 않았는가. 대부분의 관리자와 경영진은 직원을 해고하거나 전출시키면 괜한 원망을 살까 봐 우려한다. 그래서 좋은 게 좋은 거라는 식으로 일을 처리한다. 무엇보다 직원의 해고나 퇴직이 자신에게 불리하게 작용될까 두려워 이러지도 저러지도 못한다. 그러면서 스스로를 정당화한다. 동료애니 덕장(德將)이니 운운하면서 말이다. 하지만 내가 보기에는 리더답지 못하고, 사장답지 못할 뿐이다. 아니, 사장 마인드가 없다. 좋은 사람으로 남고 싶다면 남의 돈, 회사 돈으로 좋은 사람인 양 생색 내지 말고, 자기 사업을 할 때 그렇게 하면 된다.

그리고 더 큰 문제는 부적절한 사람을 그대로 두면 정작 인재들이 떠난다는 것이다. 사장 마인드를 가진 사람은 절대 부적합한 사람을 끌어안지 않는다. 잡초가 자라 덩굴을 이루기 전에 뿌리째 파내는 것이다. 현명하고 냉철한 사장만이 인재를 키운다. 그래야 인재가 남고, 그 인재가 회사를 키운다.

이것이 사장 마인드를 가진 사람이 조직을 관리하고, 사람을 키우는 방식이다. 내 회사의 미래를 걱정하기 때문에 가능한 일이다. 하지만 직장인 마인드를 가진 사람들은 자기만 챙긴다. 후배를 키우는 데는 별 관심 없고, 오직 자기의 앞날만을 생각한다. 자기 혼자 크기에만 바쁘다는 것이다.

프로 직장인으로서 일하는 것은 곧 '경영'을 배우는 것과 같다. 그런 점에서 프로 직장인의 업무 방식은 사장에게 필요한 능력을 갖추어가는 것이다. 《육일약국 갑시다》의 저자 김성오 씨는 현 메가스터디 엠베스트 대표로, 돈을 벌기 위해 대학 졸업과 동시에 4.5평짜리 약국에서 작은 사업을 시작했다. 그리고 약사 출신 경영인으로 성공했다. 그 책의 한 구절이 아직도 기억에 남는다.

"자영업자 마인드를 가진 사람이 현재 직장 생활을 하고 있다면, 매달 급여를 받아가며 경영 수업을 배우고 있으니, 이 얼마나 행복한 사회생활인가?"

한 회사를 이끌어갈 수 있는 능력을 가진 사람, 예상치 못한 문제에도 '내가 주인이다'라고 생각하고 능동적으로 해결하려는 사람, 마이너스의 삶이 아닌 하나라도 더 배워 내 것으로 만드는 플러스의 삶을 사는 사람, 직원이 아닌 진정한 사장의 입장에서 사업을 하는 사람. 바로 이런 사람들이 그가 생각하는 자영업자(사장) 마인드라고 했다. 돈을 받으면서 무언가를 배울 수 있다고 생각한다면 직장 생활이 더없이 행복할 것이다. 직장 생활을 한 번도 해본 적 없는 저자는 이미 프로 직장인의 업무 방식을 알고 있었는지도 모른다. 장사가 아닌 경영의 중요성을 스스로 깨우친 것이다.

03

인생 레벨업을 한다고 생각하면 출근길 발걸음이 가볍다

○

배움이 능력으로 발전해서 성과를 내는 것이다. 이 전체 프로세스를 이행하는 과정에서 스스로 성장하고 성취함으로써 느끼는 감정이 즐거움이다.

○

희생을 열정으로 착각하면 안 된다. 희생하면서 회사를 다니기에는, 그것을 즐거움으로 착각하며 고통을 감내하기에는 너무 긴 시간이다. 그리고 어쩌면 개인적으로 잃는 것이 더 클 수도 있다. 왜냐하면 희생하는 사람들은 대부분 내가 행복해야 가족이 행복하다는 것을 모르기 때문이다.

대부분의 직장인들은 하루 8시간, 아니 이보다 더 많은 시간을 회사에서 보낸다. 족히 10시간 이상은 회사에 머물지 않을까. 나도 그랬다. 잠자는 시간과 출퇴근 시간을 빼면 하루 중 가족들과 보내는 시간은 얼마 되지 않는다. 그런데 회사에서 보내는 10시간이 전혀 즐겁지 않은 사람들이 있다. 10시간이 아니라, 10년, 20년을 전혀 즐겁지 않게 회사를 다닌다. 그런 사람들은 우리 주변에 널려 있다.

프로 직장인이 되어야 하는 이유가 여기에 있다. 어찌 보면 프로 직장인이 꼭 되어야 하는 가장 큰 이유가 시간적인 측면일 것이다. 회사를 나오는 시점에서 돈을 벌고 업(business)을 찾고 사업 원리를 깨우치면 뭐 하겠는가. 회사에서의 시간들이 즐겁지 않은 고통의 시간이었다면 말이다. 더 큰 문제는 그 시점이 자의에 의해 5년 또는 10년이 될 수도 있지만, 대부분은 그 시점을 스스로 정하지 못하고 어쩔 수 없이 그만둬야 한다는 것이다.

나는 회사 생활이 진심으로 즐거웠다. 매일매일이 그랬다. 몸이 힘든 적은 있어도 회사 가는 발걸음은 항상 가벼웠다. '뭐 좋은 일 있냐?'라고 묻는 상사들도 있었다. 좋고 싫은 감정은 내가 스스로 통제할 수 있는 것이 아니다. 그렇다고 포커페이스를 하고 다닐 필요도 없다. 웃는 얼굴에 침 뱉는 사람은 없기 때문이다. 하지만 회사에서 늘 웃는 나를 이해할 수 없었는지, "뭐가 좋다고 웃고 다니냐?"라고 비아냥조로 묻는 사람들도 있었다. 나는 웃으려고 노력해서 즐거운 것이 아니라 즐거우니까 웃은 것이었다. 그래서 회사 생활이 즐거운 이유를 분석해본 적이 있다.

배울 수 있기에, 그리고 떠날 것을 알기에 즐겁다

즐거움을 느끼는 과정은 3단계로 이루어져 있다고 생각한다. 우선 지식과 경험에 대한 배움은 프로 직장인에게 필요한 능력을 쌓아가는 사전 단계다. 그리고 그 능력을 하나씩 갖추는 과정은 성과를 내기 위한 사전 단계가 된다. 즉 배움이 능력으로 발전해서 성과를 내는 것이다. 이 전체 프로세스를 이행하는 과정에서 스스로 성장하고 성취함으로써 느끼는 감정이 즐거움이다. 새로운 성장과 성취의 과정이 몸에 배어 있으면 어쩌다 예측 불가능한 실수를 하고 사고가 발생해도 긍정적으로 대처하게 된다. 말하자면 그 실수와 사고도 즐겁게 느껴지는 것이다. 이 과정 하나하나가 회사 생활의 1시간, 1일, 1개월이 되고, 그것이 쌓여 1년, 10년이 된다고 생각하면 매일 매일 회사에 가는 것이 즐겁지 않을 수 없다. 그리고 내가 정말로 그랬다.

하지만 진정한 회사 생활의 즐거움은 위에서 설명한 3단계에 또 다른 즐거움이 합쳐져서 완성된다고 생각한다. 바로 언젠가는 회사를 떠날 것을 알기에 그것을 준비하는 즐거움이다. 나는 회사를 떠난 후의 인생 계획을 최대한 상세히 세워놓았다. 물론 시간이 흐르면서 일부 수정을 하고 있지만, 최대한 그 계획대로 실행하고자 노력해왔고, 지금도 그렇게 하고 있다. 그 인생 계획에는 단계들이 있고, 각 단계마다 해야 할 일들이 있다.

지금의 회사 생활은 하루하루가 그 인생 계획을 단계별로 하나하나 준비해가는 시간이니 어찌 기쁘지 않을 수 있겠는가. 게다가 매달 월급까지 준다. 기분이 좋지 않으려야 않을 수 없다. 웃음을 참으려 해도 참을 수 없으니 웃고 다니는 것이다.

지금 자신의 주위를 둘러보라. 즐겁게 회사 생활을 하는 사람들이 분명 있다. 물론 생각 없이 마냥 혼자 재밌게 회사 생활을 하는 사람들은 예외다. 그리고 저녁 술자리가 좋아서 오후 5시만 되면 신나는 사람들은 더더욱 아니다.

마지막 점심, 도광양회

회사에서 가끔씩 마주칠 때마다 항상 웃는 사람이 있었다. 나는 그가 어떻게 항상 웃는 얼굴인지 너무도 궁금했다. 그동안 같은 회사를 다니면서 그와 차 한잔, 밥 한 끼 같이 먹어본 적이 없었다. 그는 나보다 3년 선배였다. 전산 프로그램 일을 하는 그는 나와 업무적으로 관련되지도 않았고 아예 다른 계열사로 근무하는 층도 달랐다.

그러다 마침내 내가 퇴직하는 날 그와 함께 점심을 먹기로 했다. '일주일 전에 찾아가서 약속을 잡아야겠다'고 생각하고 있었는데 며칠 더 일찍 그가 나를 찾아왔다. 내가 퇴직한다는 소식을 들었다며 점심을 같이하자는 것이었다. 그가 어떻게 나를 먼저 찾아왔는지 의아했다. 나는 그 앞에서 놀란 표정을 숨길 수가 없었다.

'도광양회(韜光養晦)'라는 말이 있다. '빛을 감추고 어둠 속에서 은밀히 힘을 기른다'는 뜻으로, 1980년대 말부터 1990년대 덩샤오핑이 집권하던 시기 중국의 외교 방침을 지칭하는 말이다. 나는 그가 어둠 속에서 감추고 있는 빛이 무엇인지 궁금했다. 그래서 13년간 몸담았던 회사를 떠나기 전 처음이자 마지막으로 그와 이야기를 나누고 싶었다. 그의 웃음 뒤에는 분명 갈고닦으며 준비하는 뭔가가 있을 것이다. 나는 회사에서 보여줄 수 없었던 내 모습을 보여주고, 그에게 숨겨진 칼날이 얼마나 날카로운지 보고 싶었다.

1시간 30분 동안 점심을 함께하면서 궁금한 것들을 물어보았다. 그리고 헤어질 때 모든 것이 이해되었다. 그가 즐겁게 회사를 다니는 것은 어찌 보면 당연해 보였다. 그는 생각하고 행동하는 수준이 달랐다. 그가 회사에 들어오기 전에 직원을 5명이나 두고 벤처 사업을 한 경험이 있다는 것을 그때 처음 알았다. 이미 내공이 보통 월급쟁이와 비교할 수 없었다. 그는 50세, 60세 그리고 그다음까지도 상세한 계획을 세워두고 있었다. 그리고 충분히 실현 가능해 보였다. 그날은 진정한 프로 직장인을 만나 행복한 마지막 근무일이었다.

나는 사회생활을 하면서 직장인들의 얼굴을 많이 본다.

후배도 있고, 상사도 있으며, 다른 회사에 다니는 사람들도 있다. 그들의 얼굴 표정은 천차만별인데, 그중에 유독 즐거워 보이는 사람이 있다. 그들의 얼굴에는 단순히 일을 즐기는 수준을 뛰어넘어 열정과 계획이 묻어난다. 이런 사람들이 프로다. 반면 아무런 열의가 느껴지지 않는 사람, 무표정한 사람, 뭔가 악에 받친 듯한 사람, 조급해 보이는 사람, 힘들어 보이는 사람들도 있다. 열정이란 단어의 대척점에 있는 희생을 하는 사람들이다. "나는 두 아이의 초·중·고등학교 졸업식에 한 번도 가본 적이 없다"고 자랑하는 사람, "주말에 나와 일하면 집중이 잘돼서 좋다"라며 으스대는 사람들 말이다.

이런 사람들은 일을 즐기는 것처럼 말하지만 절대 그렇지 않다. 가족에 대한 배려는 둘째 치고, 자신을 희생하는 사람이 즐거울 리 없기 때문이다. 그 사람들의 얼굴이 이미 답하고 있지 않은가? 그들은 자신을 힘들게 하면서 시간을 소비하는 것이다. 회사 또한 그런 사람들을 원치 않는다. 그런 사람들은 자기의 희생이 최고의 가치라고 생각하고, 그렇지 않은 사람을 항상 비판적이고 부정적으로 대하기 때문이다. 회사는 그렇게 희생만 하는 사람들을 이용할 뿐이다.

문제는 안타깝게도 요즘 젊은 친구들 중에도 그런 사람들이 있다는 것이다. 이런 젊은 친구들의 미래가 바로 그들의 옆에 있다. 아무 생각 없이 멍한 표정으로 일하는 젊은 친구, 그 희생하는 젊은 친구의 미래를 이미 살고 있는 사람도 한 회사에 있다.

희생을 '열정'으로 착각하면 안 된다. 희생하면서 회사를 다니기에는, 그것을 즐거움으로 착각하며 고통을 감내하기에는 너무 긴 시간이다. 그리고 어쩌면 개인적으로 잃는 것이 더 클 수도 있다. 왜냐하면 희생하는 사람들은 대부분 내가 행복해야 가족이 행복하다는 것을 모르기 때문이다. 그렇다면 행복하게 회사를 다니는 비결은 무엇일까? 그것은 업무를 통해 배우고 능력을 쌓고 성취하는 즐거움, 그리고 인생의 다음 단계를 준비하는 즐거움으로 회사를 다니는 것이다. 이것이 프로 직장인이다.

04

원리를 파악하면 대체할 수 없는 맨파워를 얻는다

○

나는 사회생활 10년이 훌쩍 넘은 이 시점에 전문성이라는 단어를 다음과 같이 정의하고 싶다.

'예전의 경험과 과거에 배운 지식으로 반복되는 업무를 실수 없이 더 잘하는 것이 아니라, 그것을 뛰어넘어 해당 분야의 연관 지식을 습득하고 직접 경험하여 남들과 현격히 차별화되는 뛰어난 통찰력을 기르는 것. 또한 그 통찰력을 바탕으로 현 사업의 미래를 예측할 수 있고, 관련 신규 사업을 창출하며, 그 과정에서 발생하는 여러 가지 문제를 해결하는 능력. 이에 더해 철저한 자기관리와 리더로서의 역량을 길러 인간관계를 발전시키는 단계까지 포함해서 전문성이라고 한다.'

나는 지금까지 회사에서 2가지 사업을 담당했다. 처음에 맡은 일은 수출입과 유통 관련 업무이고, 나중에 맡은 주된 업무는 생산과 가공 업무였다. 제품군은 2가지 다 농축산물로 같은 카테고리라고 할 수 있겠지만 업무는 전혀 달랐다. 하나는 완전한 축산물이고, 다른 하나는 곡물류였다.

나는 이 2가지 사업을 거의 같은 방식으로 진행했다. 그리고 직접 해보고 깨달았다. 어떤 한 분야의 최고가 되면 다른 분야에서 전문성을 갖기가 훨씬 쉽다는 것을 말이다.

그 이유는 간단하다. 지식과 경험을 쌓는 방법이 사업 분야별로 큰 차이가 있는 것이 아니라 일정한 원칙을 바탕으로 돌아가는데, 바로 이것이 사업의 원리다. 그 원리를 통해 전문성을 완성해야만 사업에 대한 통찰을 얻을 수 있다.

원리와 전문성의 관계

나는 원리를 먼저 깨달은 것이 아니다. '완벽한 직장인이 일하는 방식'을 통해 원칙을 알게 되었고, 그다음에 원리가 보인 것이다. 그래서 시간이 많이 걸렸다. 원리를 먼저 깨닫고 일하는 방식을 정립할 수 있었다면 지금보다 더 빨리 내 분야의 전문가가 되고, 더 큰 부를 이루었을 것이다. 하지만 원리를 먼저 깨달을 수 있는 사람은 세상에 없다. 한 번도 해보지 않은 사업의 원리를 어떻게 미리 깨닫는단 말인가?

하지만 그 원리를 깨닫는 시간을 상당히 앞당길 수는 있다. 그런 사람들은 이미 어떤 한 사업에 대한 원리를 파악한 것이다. 원리를 파악하는 일은 자신이 하고 있는 사업의 전(全) 과정을 이해하고 체계화해야만 가능하다. 내가 지금 하는 업무나 사업의 단편적인 면만을 파악해서는 결코 원리를 파악할 수 없다. 업무의 전(前) 단계와 앞으로 해야 할 단계까지 꿰뚫고 있어야 한다는 것이다.

전문성은 원리와는 또 다른 이야기다. 원리를 안다고 해서 전문성이 생기는 것이 아니다. 원리는 전문성으로 가는 길목에 있다. 즉 전문성은 최종 목적지다. 나는 이 전문성에 대해 오랫동안 고민한 적이 있다. 전문성을 갖춘 전문가가 되고 싶은데,

누군가 '그 전문성이 무엇이냐?'고 물어봤다면 나는 주춤했을 것이다. 또한 이 답변을 찾아야 나 스스로 프로 직장인이라고 자신 있게 말할 수 있을 것 같았다. 그리고 나는 사회생활 10년이 훌쩍 넘은 이 시점에 전문성이라는 단어를 다음과 같이 정의하고 싶다.

'예전의 경험과 과거에 배운 지식으로 반복되는 업무를 실수 없이 더 잘하는 것이 아니라, 그것을 뛰어넘어 해당 분야의 연관 지식을 습득하고 직접 경험하여 남들과 현격히 차별화되는 뛰어난 통찰력을 기르는 것. 또한 그 통찰력을 바탕으로 현 사업의 미래를 예측할 수 있고, 관련 신규 사업을 창출하며, 그 과정에서 발생하는 여러 가지 문제를 해결하는 능력. 이에 더해 철저한 자기관리와 리더로서의 역량을 길러 인간관계를 발전시키는 단계까지 포함해서 전문성이라고 한다.'

양말 잘 파는 사람이 속옷도 잘 판다

나는 대리 직급일 때 캄보디아 생산수출법인장 발령을 받았다. 기존에 있던 현지의 법인장을 교체한 것이 아니었다. 내가 법인을 만들어서 운영했다. 처음 시작할 때 내게는 출장을 다니면서 준비한 법인설립등기와 허가증 그리고 제품을 만들 임대공장계약서뿐이었다. 그리고 한국에서 했듯이, 사업의 전체 진행 과정을 정립하고 매뉴얼로 만들었다. 모든 직원을 내가 직접 인터뷰하고 채용했으며, 직원을 교육하고 조직을 갖추는 일까지 맡았다. 그래서 본격적으로 업무를 시작하기까지 꽤 시간이 걸렸다.

농산물 자체 생산 공정을 완성하고 관련 기술을 습득한 다음 법인을 설립한 지 6개월 만에 첫 수출 계약을 했다. 그리고 법인이 안정화되기까지 1년 6개월이 걸렸다. 나는 이 이야기를 이렇게 바꾸고 싶다. 원리를 깨우치는 데 6개월, 전문성의 기초 단계까지 1년 6개월이 걸렸다고 말이다. 이후 나는 전 세계 13개국에 제품을 수출했으며, 자체 브랜드를 개발하여 4개국에 수출했다. 그리고 마침내 외국인 회사로는 처음으로 수출 실적(총 86개 업체) 20위권에 진입했다. 놀면서 얻어진 수치가 아니다. 초기 3년, 그 36개월 동안 한 달도 거르지 않고 해외 출장을 갔다. 한 달에 두 번 간 적도 많았다. 가족들은 이해하지 못했고, 한국의 본사에서도 나를 보고 미쳤냐고 말했다.

나는 해외법인에 근무하면서 기쁜 일들이 많았다. 해외법인에서 거둔 여러 가지 성과 때문이 아니었다. 그 숫자들보다 몇 배는 더 값지고 가장 기쁜 일은 바로 내가 만들고 실행한 이 책 3장과 4장의 '프로 직장인이 일하는 방식', 즉 사업의 원리와 전문성을 얻는 방법이 다른 나라, 다른 사업 분야에서도 똑같이 적용된다는 것을 스스로 증명했다는 사실이었다.

나는 시간이 흘러 5년, 10년 뒤에는 '완벽한 직장인이 일하는 방식'의 유효성이 떨어지거나 아예 필요 없는 시대가 오지 않을까 생각해보았다. 하지만 그것은 불필요한 우려였다. 내가 직접 운영해본 해외법인에서는 그랬다. 그리고 최소한 내가 다녔던 대기업 계열사도 그랬다. 내가 근무한 13년 동안 시대의 변화에 맞춰 많은 것들이 전산화되고 경영 전반이 바뀌었지만 사업의 기본은 변함이 없었다. 또한 내가 만나본 다양한 분야의 성공한 CEO들의 사업도 마찬가지였다. 아무리 생명력이 짧은 트렌디한 정보와 기법으로 돈을 버는 요즘 세상이라도, 사업의 뼈대를 이루는 원리와 전문성의 가치는 언제나 중요하다. 이것이 프로 직장인이 되어야 하는 또 다른 이유다.

05

그 분야의 상위 1퍼센트가 되면 돈은 알아서 따라온다

○

남들보다 더 많이, 더 오래, 더 힘들게 일한다고 해서 일을 잘하는 것이 아니다. 그리고 그것이 돈을 잘 버는 방법도 아니다. 일반 월급쟁이보다 돈을 빨리, 많이 벌어야 한다. 그것이 돈을 버는 방법이다.

○

남들하고 똑같은 시간에 똑같은 돈을 벌려면 무엇 하러 힘들게 프로 직장인이 되겠는가. 남들보다 빠르게, 남들보다 더 많은 돈을 버는 것이 프로 직장인의 마인드다. 그것이 프로 직장인의 성과인 것이다.

○

투자도 프로 직장인의 일하는 방식과 같다. 프로 직장인이 되어 회사에 돈을 벌어다 주는 방식을 깨우치고, 성과를 내는 데 필요한 모든 능력을 갖췄으니 나 자신에게 돈을 벌어다 주는 구조 또한 만들 수 있지 않겠는가.

그동안 내가 일하는 사업 분야에서 인정받는 상위 1퍼센트의 국내외 전문가들을 많이 보아왔다. 물론 직장인도 많고 사업가도 많았다. 하지만 그들 중에 학자는 없었다. 뛰어난 학자는 학계에서 인정받을 것이다. 프로 직장인은 공부벌레가 아니다. 회사도 학자 스타일은 싫어한다. 프로 직장인은 본인의 지식과 경험으로 성과를 내면서 앞으로 나아가는 사람이다. 전문지식을 쌓기 위해 공부만 하는 사람이 아니라는 것이다. 그런 사람은 도서관을 가야지 회사를 다닐 필요가 없다. 방향이 틀렸다는 말이다.

프로 직장인은 성과 지향적이어야 한다. 직장인에게 성과란 회사의 이익일 것이다. 또 개인 사업가들에게는 내 주머니에 들어오는 돈이다. 회사든 개인이든 명예나 지식 자체를 성과로 생각하는 사람은 없다. 그렇다. 프로 직장인의 성과는 언제나 돈이다.

프로 직장인이 돼야 하는 이유 중에 큰 비중을 차지하는 것이 돈이다. 그리고 프로 직장인이 돈을 버는 방법은 따로 있다. 남들보다 더 많이, 더 오래, 더 힘들게 일한다고 해서 일을 잘하는 것이 아니다. 그리고 그것이 돈을 잘 버는 방법도 아니다. 일반 월급쟁이보다 돈을 빨리, 더 많이 벌어야 한다. 그것이 돈을 버는 방법이다.

그런 사람들이야말로 직장에서 승진하고 성과급을 받으며, 사업을 해서 성공하는 것이다. 이 책 3장과 4장에 소개한 '완벽한 직장인이 일하는 방식'을 다른 말로 하면 '돈을 버는 과정'이다. 프로 직장인으로서 전문가가 되었을 때 다다르는 곳, 거기에 돈이 있다. 내 사업의 시장을 읽고 흐름을 예측할 수 있는 사람들, 즉 돈 버는 방법을 아는 사람들이 모인 곳이다.

3,000만 원짜리 과일음료 한 박스

2012년 국내 수입 축산물 시장이 흔들렸다. 내가 다니던 회사도 재고를 처분하고 상황을 지켜볼지, 아니면 일부 아이템은 국내 구매를 할지 결정해야 했다. 왜냐하면 수입은 선적 기간과 통관까지 보통 두 달 정도 걸리기 때문이다.

나는 시장 정보에 빠르기로 유명한 동종업계의 사장을 찾아갔다. 마침 그가 두 번째 회사를 설립한 지 얼마 되지 않았다는 소식을 들었던 참이었다. 빈손으로 가기 뭣해서 과일 음료 한 박스를 사 가지고 안면이 있던 그의 회사를 방문했다. 사무실에 들어가 인사를 하고 자리에 앉으려는데 그가 대뜸 물었다.

“최 대리님, 이 음료수 법인카드로 산 겁니까?”

좀 황당했지만 내 돈 주고 산 것이라고 대답했다. 그러자 그가 또 물었다.

“회사원이 업체 미팅을 하는데 왜 자기 돈을 씁니까?”

나는 그 질문에 답하지 못했다. 나는 업체를 찾아갈 때 자주 내 돈을 쓴다. 그것이 나의 ‘회사 생활 원칙’이다. 어떤 목적이 있어서 그런 것이 아니었기에 곧바로 대답이 나오지 않았다. 그 사장은 같은 건물 지하에 있는 커피숍으로 가자고 했다. 물론 그는 내가 왜 찾아왔는지 알고 있었다.

그날 커피숍에서 나는 2시간 동안 많은 것을 배웠다. 아니, 많은 것이 아니라 새로운 것을 배웠다. 사무실이 아닌 시장에서 시장을 예측하는 방법, 그리고 빠른 결정력이 어떤 결과를 가져오는지 등을 말이다. 이것은 대기업 무역상사에 몇 년을 다니면서도 습득하지 못한 것들이었다. 그는 시장 정보장악력을 가지고 있었고, 업계 리더로서 시장에 대한 믿음이 있었다. 그렇게 그는 전화 몇 통화로 3,000만 원을 버는 방법을 직접 보여줬다. 시장을 몰라 헤매는 회사의 물건을 사서 그의 시장 분석과 예측을 믿는 회사에 팔았다. 앉은자리에서 소유권 이체를 확인하고 대금을 주고받는 작업까지 끝냈다. 나는 그가 2시간 동안 행동으로 보여준 무언의 가르침을 얻었다. '돈은 이렇게 버는 것이다'라고 말이다.

누군가는 '이런 건, 투기 아니냐?'라며 이렇게 돈 버는 것은 나쁜 일이라고 할 수도 있다. 회사에서 그렇게 말하는 사람이 있었다. 부러워서 하는 이야기일 수도 있겠지만, 나는 솔직히 이런 사람들이 왜 회사를 다니는지 알 수 없다. 연 매출액 400억 원의 중소기업 사장이 잘못한 것은 무엇인가? 이 사람이 2시간 만에 벌어들인 3,000만 원이 시장에서 열심히 물건을 팔아 반년 만에 모은 3,000만 원보다 가치가 없는 것인가? 그가 업계에서 인정받는 상위 1퍼센트의 전문가가 되기 위해 노력한 시간은 가치가 없다는 말인가.

그는 국가별 제품 분석을 하기 위해 충분한 돈과 시간을 투자하고, 남다른 열정으로 자신만의 자료들을 만들었다. 또한 해외 공급자와의 미팅을 나보다 훨씬 많이 가지고 출장 일정도 빽빽했다. 내가 다니던 회사보다 글로벌 인덱스(Global

Index) 유료 가입이 더 많이 되어 있었다. 남들하고 똑같은 시간에 똑같은 돈을 벌려면 무엇 하러 힘들게 프로 직장인이 되겠는가? 남들보다 빠르게, 남들보다 더 많은 돈을 버는 것이 프로 직장인의 마인드다. 그것이 프로 직장인의 성과인 것이다.

월급만으로는 절대 부자가 될 수 없다

서른 살이 되기 전 어느 날, 나는 평생 급여로 얼마를 모을 수 있을지 계산해보았다. 욕심을 내어 2년 동안 임원을 지내고, 직장 생활을 25년 한다고 가정했다. 매년 임금인상률 3퍼센트에 직급이 올라갈 때마다 5퍼센트를 추가했다. 그리고 서른두 살에 결혼하고 서른네 살에 자식도 한 명 있다고 가정했다.

그때 만든 엑셀 파일을 지금도 매년 업데이트하고 있다. 그 결과는 내가 다니는 회사의 부장과 임원, 그리고 다른 회사의 퇴직자들과 비슷했다. 잘해야 서울에 집 한 채 소유하고 대출금을 모두 갚을 때쯤 퇴직하는 것이다. 지금은 서울 집값이 많이 올라 그것도 힘들 것이다. 직장 생활로 부자가 되려면 정말 임원을 아주 '오래오래' 해야 했다.

그리고 나는 또 하나의 엑셀 파일을 만들었다. 25년의 직장 생활을 접고 집에서 쉰다고 가정하고 만든 것이다. 월평균 얼마가 필요할지 최대한 상세히 계산해봤다. 직장 생활을 25년 했으니, 그동안 하지 못한 것들과 지금 하고 싶은 것들을 모두 반영했다. 결과는 놀라웠다. 나는 퇴직 후 내가 하고 싶은 대로 하면서 살 수는 있었다. 다만 나는 빨리 죽어야 했다.

2018년 기준, 각종 금융기관과 경제연구소에서 발표한 월평균 노후 생활 자금은 250만 원 정도다. 나는 회사 부하직원들과 상사들, 그리고 다른 회사에 다니는 사람들과 친구들에게도 물어보았다. 퇴직 후 월평균 얼마 정도가 필요할 것으로 예상하는지 말이다. 대기업 직원들도 별반 다르지 않았다. 대부분 220만 원에서 300만 원 사이라고 대답했다. 그리고 나는 꼭 다음 질문을 했다. 지금 1년에 쓰는 돈을 월평균으로 하면 얼마냐고 말이다. 대부분 300만 원이 넘었다. 나는 다시 질문했다. 지금 300만 원 넘게 쓰는데, 노후에는 생활비가 왜 적게 드는지 말이다. 그 대답은 대부분 동일했다. 노후에는 크게 돈 쓸 일도 없을 것이고, 더 아껴서 산다는 것이다.

간짜장 먹다가 짜장라면 먹기 힘들다

소비 습관을 바꾸기는 힘들다. 당연히 아껴 살면 노후에는 월평균 250만 원이 아니라 150만 원으로도 살 수 있을 것이다.

하지만 생각해보라. 노후에 더 행복하고 여유롭게 살아야 하는 것 아닌가. 직장 생활을 20년 넘게 하고 이제 시간 여유도 많은데 그래야 하지 않겠는가.

얼마 전 퇴직한 임원을 만났는데, 그는 골프를 끊었다고 했다. 직장 다닐 때 즐겨 하던 골프를 왜 끊었냐고 물었다. 그는 해외 유학 중인 자식들 때문이라고 했다. 그의 이야기를 들으면서 나는 이런 생각을 했다. 퇴직하면 골프를 더 자주 쳐야 하는 것 아닌가. 회사에 다니지 않고 쉴 때 주말이 아니라 평일에 여유롭게 쳐야 하는 것 아닌가. 저렴한 동남아시아로 골프 여행을 다녀야 하는 것 아닌가.

출장을 많이 다니다 보면 공항에서 중년 부부가 골프채를 나란히 싣고 체크인하는 모습을 종종 본다. 그 모습이 너무 보기 좋았다. 나는 그때마다 생각했다. '나도 나이 들면 저들처럼 아내와 오붓하게 여행을 다녀야지'라고 말이다.

항상 시끄러운 무리들도 보게 된다. 라운지 이곳저곳에서 친구들끼리 옛날 별명을 불러가며 깔깔거리는 중년 아저씨들이다. 50대 중반을 넘긴 나이에도 철없던 학창 시절 친구들처럼 얘기하는 모습이 즐거워 보였다. 그들의 옷차림과 이야기를 들어보면 대부분 골프 여행이다.

그들을 보면서 또 생각한다. '나도 친구들과 이런 시간을 만들 것이다. 그리고 그 시간이 멀지 않았다. 다만 라운지에서 좀 크게 떠들지는 말아야지'라고 말이다.

골프를 좋아하는 사람들만의 이야기가 아니다. 퇴직 후에 내가 좋아하는 것들을 단지 금전적인 이유로 할 수 없다면 프로 직장인이 아니다. 물론 퇴직하고 여행을 다니기보다 집에서 아내와 단둘이 텔레비전을 보는 것이 더 좋을 수도 있다. 각자 행복의 조건이 다른 것이다. 하지만 최소한 이 책을 집어 든 사람들은 나와 같은 생각을 할 것이다.

프로 직장인은 월급만으로는 부자가 될 수 없다는 것을 알기에 투자를 한다. 나는 이 투자를 재테크라고 부르지 않는다. 월급보다 더 많은 돈을 버는 것을 재테크라고 할 수는 없다. 프로 직장인의 성공 방식으로 다른 일을 하나 더 한다고 보는 것이 맞다. 어차피 프로 직장인이니까 가능한 일이다. 그래서 나는 투자를 업무 외적으로 하는 일이라고도 생각하지 않는다.

이 책은 투자 성공 방법을 소개하는 것이 아니니, 투자 이야기는 자세히 적지 않겠다. 하지만 한 가지는 확실히 말할 수 있다. 투자도 프로 직장인이 일하는 방식과 같다. 프로 직장인이 되어 회사에 돈을 벌어다 주는 방식을 깨우치고, 성과를 내는 데 필요한 모든 능력을 갖췄으니 나 자신에게 돈을 벌어다 주는 구조 또한 만들 수 있지 않겠는가.

퇴직 후에도 내가 하던 사업 분야 또는 연관 분야에서 업을 가지고 일해야 한다. 그리고 같은 방식으로 나만의 투자를 통해 돈과 여유를 확보해야 한다. 바로 여기에 프로 직장인이 되어야 하는 이유가 있다. 프로 직장인이 되면, 돈은 알아서 따라 온다는 것이다. 그 방법을 스스로 깨우치게 되어 있다. 직장 다닐 때 좋은 실적을 내면서 월급으로 모은 돈으로 노년을 여유 있게 살 수 있다면 굳이 힘들게 프로 직장인이 될 필요가 없을 것이다.

06

완벽한 직장인은 인생 후반기에 '일'이 아닌 '업'을 갖는다

○

재취업 자리도 없고, 사업에도 자신 없다는 것은 곧 경쟁력이 없다는 말과 같다. 이러한 사실을 너무 늦게 깨달아 후회하고 있는 사람들. 자기 전문성을 퇴직 후에 업으로 이어가지 못하고 일거리도 없이 이제는 등산 전문가가 된 사람들. 그들이 직접 들려준 이야기다.

퇴직 후에 시간을 때우기 위한 소일거리가 되어서는 안 된다. 그 일은 본인이 가장 잘 알고 남들보다 경쟁력이 있는 업이 되어야 한다. 그래야만 인생이 활기차고 건강하다.

내 사업 분야에서 성공한 CEO들을 찾아가기도 하고, 같은 회사나 거래처의 퇴직한 부장 또는 임원들과 만남을 이어가고 있다. 오랜 직장 생활을 마친 그들이 현재 어떤 계획과 생각을 갖고 있는지 너무나 궁금하기 때문이다. 정년이 보장된 공무원이 아닌 한 대부분의 직장인들은 50세 즈음이면 자의든 타의든 회사를 떠나게 마련이다. 하지만 내가 만나본 퇴직자들은 20년 이상 바쁘게 보낸 직장 생활에서 벗어난 해방감을 그리 오래 즐기지 못했다. 그들은 쉬기는커녕 다시 새로운 일자리를 찾고 있었다. 공허하게 시간을 보내기에 50이란 나이는 너무 젊다. 그리고 금전적인 여유도 충분하지 않았다. 하지만 길지 않은 시간에 그들은 깨닫게 된다. 50이 넘어 뛰어든 재취업은 현재 젊은 구직자들의 처절한 취업 전쟁보다 더 힘들다는 사실을 말이다.

그렇다고 과거 업무 경험을 살려 개인 사업을 하는 사람은 더더욱 찾아보기 힘들다. 특히 무역회사의 경우 자기가 하는 사업 분야에서 성공하는 사람들도 많지만, 그만큼 실패하는 사람들도 많다. 실패한 사람들을 보면 겁이 나고 자신이 없으니 감히 사업에 뛰어들지 못한다.

재취업 자리도 없고, 사업에도 자신 없다는 것은 곧 경쟁력이 없다는 말과 같다. 그 긴 직장 생활 동안 프로 직장인으로서 경쟁력 있는 전문성을 가졌다면 무엇이든 못할 것이 없고 어디를 가든 환영받을 것이다. 이것은 내가 만나본 퇴직자들에게 직접 들은 이야기다. 이러한 사실을 너무 늦게 깨달아 후회하고 있는 사람들. 자기 전문성을 퇴직 후에 업으로 이어가지 못하고 일거리도 없이 이제는 등산 전문가가 된 사람들. 그들이 직접 들려준 이야기다.

'25년 경력'이 '25년 전문가'는 아니다

기술직이나 전문직의 경우 대체로 경력이 실력을 대변하는 경우가 많다. 과장이든 팀장이든 직급은 상관없다. 하지만 대부분의 일반 직장인들은 이르면 차장 초임부터 관리자의 길로 들어서게 된다. 어떤 회사는 그 시기에 타 사업부로 직무

순환을 돌리거나 관리 부서로 인력을 재배치하는 경우도 많다. 내가 몸담은 무역상사도 마찬가지였다. 그리고 나는 퇴직자들이 털어놓은 그 후회의 원인을 관리자의 길에서 찾았다. 보통 그 시기의 직장인들은 관리자의 길에서 자신의 경쟁력이 될 전문성을 내려놓았다.

대체로 40세를 넘기는 시점에서 관리자의 길에 들어서면 열정적으로 일하고 싶어도 몸이 예전과 다르다는 것을 느낀다. 요즘 젊은 직원들이 원하는 진정한 리더로서의 역할을 해보고 싶지만 준비도 되어 있지 않을뿐더러 다시 시작하려니 속된 말로 만사가 귀찮아진다. 젊은 꼰대의 시작이 보통 이때쯤이 아닐까 싶다. 40세쯤 되면 열의는 사라지고 매너리즘만 남아 조직에서 완전 적응 단계에 들어선다. 하지만 직장인들은 이 완전 적응 단계를 가장 경계해야 한다. 여기에 한 번 빠지면 헤어나기 힘들다. 당연한 지시와 이미 결론이 난 것을 결정하는 관리자가 되어버리기 때문이다. 조직에서 나오고 나서야 이런 지시와 결정은 전문성이 아니라는 사실을 몰랐다며 후회한다.

그동안 퇴직을 앞둔 부장이나 임원들과 술자리도 많이 가지고 퇴직 이후에도 자주 만나 이야기를 나눴다. 그들은 한결같이 이렇게 이야기한다. “조금 쉬다가 중소·중견 기업 임원자리라도 알아봐야지." 하지만 대부분 등산 전문가로 남게 된다. 그들은 재취업을 하지 않은 것이 아니라 못한 것이다. 자기 분야의 전문가로서 리더의 역량까지 갖추었다면 대기업에서도 먼저 찾아왔을 것이다.

중소·중견 기업은 실무 전문성을 갖추고, 회사를 안정된 조직으로 이끌어줄 관리 능력이 탁월한 사람을 원한다. 모든 사람이 그런 것은 아니겠지만, 그들이 보기에는 퇴직한 대기업 부장이나 임원들이 그런 역할을 해줄 거라는 확신이 서지 않는다. 내가 직접 매출액 200억 원 규모의 중소기업 해외법인장을 해보니 알 수 있었다. 중소·중견 기업에서는 단순히 지시를 하고, 뻔한 결정만 하는 사람은 필요 없다. 왜냐하면 그런 일은 사장 한 명이면 충분하기 때문이다.

53세 노인과 63세 중년

업무상 중요한 상갓집 문상을 위해 밤늦게 대학병원 장례식장을 찾아간 적이 있다. 거기에는 직장 동료들과 경영진뿐 아니라 예전에 퇴직한 임원도 와 있었다. 그때 그 임원의 모습이 지금까지 잊혀지지 않는다. 처음에는 '그분이 과연 내가 모셨던 분이 맞는가' 하며 내 눈을 의심했다. 못 알아볼 정도로 변해 있었던 것이다. 덥수룩한 짧은 수염과 염색을 하지 않아 희끗한 머리, 꾸부정한 자세로 소주잔을 들고 현직 부장들 사이에 앉아 있는 모습을 보니 흡사 어르신이라고 불러야 할 것 같았다.

그분이 회사를 떠난 지 겨우 1년, 당시 53세였다. 회사에 다닐 때 땅땅한 체구에 늘 에너지가 넘치던 모습과 너무 상반되었다. 나중에 이야기를 들어보니 그분은 더 이상 재취업의 문을 두드리지 않고 집에서 쉰다고 했다. 그 1년, 아니 '일하지 못하는 상황이 그를 여기까지 끌고 왔구나' 하는 생각이 들었다.

반면 63세의 나이에도 꽃중년의 모습으로 현업에서 활발히 움직이는 사람도 있다. 그분은 내 해외법인의 바이어로 당시 17개 거래 업체 중 가장 나이가 많으면서 유일한 한국인 CEO였다. 그는 오스트리아의 작은 식당에서 시작해 현재는 유럽 전역에 4개의 중견 식품유통회사를 운영하고 있다. 그런 그에게 나이는 큰 장애물로 느껴지지 않았다. 최소한 내가 경험한 바로는 그랬다. 나이와 상관없이 활기차고 건강해 보이는 것은 본인이 잘하고 즐기는 일을 하고 있는 사람들의 공통된 특징이다.

회사를 떠나 집에서만 시간을 보내기에 20년, 30년은 너무 길다. 이 시간을 아무 일도 하지 않고 흘려보내는 것이 아니라 즐길 수 있으려면 자기 일이 있어야 한다. 그리고 그 일을 찾은 사람과 찾지 못한 사람의 차이를 내가 만난 사람들이 생생하게 보여줬다. 그래서 프로 직장인이 된다는 것은 퇴직 후에 내가 할 일이 무엇인지 찾아내고, 그것을 오랫동안 영위할 준비를 하는 것이다. 즉 일반 직장인으로서의 삶을 경력이 곧 진짜 실력이 되는 전문직으로 탈바꿈시키는 것이다.

그 전문직의 일에는 한 가지 중요한 조건이 있다. 보통 사람들이 말하는 퇴직 후에 시간을 때우기 위한 소일거리가 되어서는 안 된다는 것이다. 그 일은 본인이 가장 잘 알고, 남들보다 경쟁력이 있는 업이 되어야 한다. 그래야만 인생이 활기차고 건강하다. 단순히 시간을 빨리 흘려보내기 위한 일이 아니라는 것이다. 그리고 나는 전문성을 가진 업을 만들기 위해 프로 직장인이 되어야겠다고 생각했다.

이 정도는 해야 완벽한
직장인이라 할 수 있다

고문의 조언을 받아들이는 법

'고문(顧問)'이란 직책은 어떤 것인가? 사전적인 의미로 '어떤 분야에 대하여 전문적인 지식과 풍부한 경험을 가지고, 자문에 응하여 의견을 제시하고 조언을 하는 직책'이란 뜻이다. 내가 회사에 다닐 때 고문을 외부에서 전략적으로 단기간 채용한 적이 한 번 있었다. 회사가 그를 영입한 목적은 특정한 사업의 현재와 미래를 점검하고 보완하기 위해서였다.

기업의 입장에서 외부 고문의 영입은 쉬운 일이 아니다. 회사 정책상 대외비에 해당하는 사업 내용을 외부인에게 공개하는 것도 문제였지만 더 큰 이유는 고문의 의견과 조언이 미치는 영향력을 무시할 수 없기 때문이었다. 만약 고문을 통해, 현 사업 운영이 잘못된 판단임이 드러나게 되고, 미래 방향 설계에 큰 전환이 필요하다고 평가된다면 문제가 더욱 커진다. 고문의 의견과 조언을 회사 누군가가 책임져야 하는 상황이 초래될 수 있다는 것이다. 기업들은 그런 상황을 우려해 대부분 자체적으로 해결하려고 한다. 비전문가들끼리 비전문적인 방식으로 말이다.

당시 회사에서 영입한 고문은 조림(造林) 사업 전문가였다. 조금 생소한 분야인데, 쉽게 이야기하면 나무를 키우고 목재를 만드는 사업이다. 그는 해외 유명 업체에서 관련 업무를 20년 넘게 했고, 인도네시아에서 사업을 하며 여러 업체에 컨설팅을 진행한 경력이 있었다. 예순이 다 된 연배에도 본인의 업으로 왕성한 활동을 하는 모습이 자신감 넘쳐 보였다. 그분의 전문성은 내가 감히 어떻다고 할 수 있는 수준이 아니었다. 그는 업계에서 전문가로 인정받는 사람이었다. 그렇다. 본인이 아무리 잘났다고 외쳐봐야 소용없다. 한 사람이 가진 전문성은 남들이 인정해야 가치를 얻는 것이니 말이다. 이처럼 가치를 인정받는 사람은 기업이 고문으로 모셔 간다.

비록 그 고문의 일이 내가 진행하는 사업과는 무관했지만, 어쩌면 관련이 없었다는 점이 나에게는 행운이었는지도 모른다. 나는 그분과 한 달 동안 같은 사무실에서 근무했다. 당시 캄보디아에서 법인이 아직 설립되지 않아 갈 곳이 없던 나는 한 달 동안 다른 투자법인의 공간을 빌려서 일했다. 그렇게 해서 나는 그분과 작은 사무실에서 단둘이 지냈다.

그곳에서 한 달간 그분에게 받은 값진 가르침과 내가 그를 보고 느낀 것들을 '고문 이용의 장점'이란 매뉴얼로 정리했다. 단둘이 작은 사무실에서 같이 지내다 보니, 30년 경력의 전문가가 보기에, 이제 막 새롭게 시작하는 신참이 안타까워 보였을 것이다. 책을 쓰면서 다시 '고문 이용의 장점'을 꺼내 보니, 그때 그의 모습이 생생히 그려졌다. 그 매뉴얼 중에서 독자들에게 도움이 될 만한 가장 핵심적인 2가지를 소개한다.

첫째, 역사를 알아야 미래가 보인다

과거의 시간이 미래를 준비하는 열쇠라는 것이다. 그는 사업을 하면서 겪은 각종 일화들, 국가별 해당 사업 정보, 아이템에 대한 세부적인 내용 등을 상세히 기록해 자료로 만들어두었다. 예를 들어 그는 1995년 고베(한신) 대지진과 2011년 동일본 대지진(후쿠시마 원전 사고) 후 시간의 흐름에 따른 시장의 변화, 정부와 경쟁 업체들의 반응, 국가별 물동량과 국제 가격의 움직임을 상세히 기록해두었다. 그 기록들이 그가 말하는 역사였다.

또한 그는 처음 시작한 해외 사업이 안정을 찾기까지 4년 이상 걸린다고 했다. 하지만 과거를 기록하고 분석하여 기회를 잡을 때는 "어려운 4년의 적자를 완전히 회복하는 것은 물론 이후 4년을 준비할 여력이 생긴다"고 말했다. 그가 강조한 것이 있다. 바로 선견(先見), 선행(先行), 선점(先占)이다. 남들보다 먼저 보고, 먼저 실행하여, 먼저 시장을 차지하기까지 얼마나 많은 노력을 했겠는가. 그 오랜 시간 필요한 능력을 얼마나 많이 쌓았겠는가. 진정한 사업가 마인드이자 내가 원하는 프로 직장인의 모습이다. 이것은 그가 몸담았던 그룹 창업자의 경영철학이기도 했다. 창업자의 믿음에 부합하는 직원이 높은 위치까지 오를 수 있었던 것은 당연하다.

둘째, 사업은 최소한 10년, 15년 후를 내다보고 하는 것이다

코앞의 이익을 좇아서는 회사의 목표도 없고, 사업의 방향성도 잃게 된다는 것이다. 그리고 조직원 개개인의 기술과 기량도 늘지 않는다. 그러면서 강조한 것이 사장(오너) 마인드였다. 왜냐하면 향후 10년, 15년을 내다보고 회사를 이끌어야 하는 사람은 사장이기 때문이다. 목표와 방향성을 잃어 사업의 목적지가 어디인지 모르고 사업을 시작해서는 안 된다. 계속해야 할 사업인지, 접어야 하는 사업인지도 모를 테니 말이다. 또한 그는 유망한 직원을 인재로 양성해야 한다고 말했다. 유망한 직원이 지식과 경험을 쌓기까지는 시간이 걸린다. 그러므로 현장을 중심으로 직원들이 성장할 수 있는 기반을 만들어주어야 한다. 이것도 역시 사장의 몫이다. 사장 마인드를 가진 사람만이 할 수 있다는 말이다.

그렇다면 그 고문이 검토하고 보완하려던 그 사업은 어떻게 되었을까? 당시의 운영안과 미래 계획에 큰 수정 없이 그대로 진행되었다. 그 사업을 진행하는 실무자들은 고문의 의견과 조언에 큰 힘을 보태지 못했다. 하지만 그 실무자들도 충분히 알고 있었을 것이다. 고문이 직접 해본 것인지, 아니면 옆에서 보거나 듣기만 한 것인지 말이다. 더 중요한 것은, 사업가 마인드로 진심 어린 방향을 제시한 것인지, 아니면 단지 돈을 받고 일하는 것일 뿐이었는지 말이다. 어쩌면 그들은 고문의 의견과 조언에 눈과 귀를 닫고 싶었는지도 모른다. 대개의 경우 고문에게 자문을 요청한 사람과 고문의 의견과 조언을 받아야 할 사람이 서로 다르기 때문이다. 책임을 지우는 사람과 책임을 져야 하는 사람이 다르다는 이야기다. 어부지리라고 해야 할까? 아이러니하게도 그 일과 아무 상관없는 나만 그 고문에게 사업과 인생에 대해 많은 것을 배웠다.

2장

'할 일'과 '하지 말아야 할 일'을 구분하면 삶이 즐겁다

완벽한 직장인의 내공 레벨업 스킬 10가지

01

디테일

큰 그림을 보고 업무를 상세하게 파악하라

○

심지어 단골 미용실 원장에게도 물었다. 그렇게 해서 전문가, 즉 디테일을 완성하는 기간에 대해 내가 얻은 결론은 평균 10년이었다.

10년이라고 결론을 내린 이유는 하나다. 바로 경험의 가치 때문이다. 이것은 답변한 사람들의 일반적인 중론이기도 했다.

○

그래서 나는 직장 후배들에게 이런 말을 한다. "입사하자마자 달려야 한다"고 말이다. 그리고 덧붙인다. "신입일 때 내 시간을 100퍼센트 쓸 수 있다면, 결혼하면 60퍼센트밖에 쓰지 못한다. 그리고 아이가 생기면 그 시간은 20퍼센트밖에 되지 않는다."

나는 업무를 하면서 만나는 국내외 중소 · 중견 기업 CEO들에게 많은 질문을 한다. 물론 한국인이든 외국인이든 개인적인 친분을 떠나 현문현답(賢問賢答)이 가능한 질문들을 한다. 그렇지 않으면 괜한 오해를 살 수가 있기 때문이다. CEO들에게 주로 질문하는 것 중 하나가 이것이다.

"사업에서 가장 중요한 것이 무엇이라고 생각하십니까?"

사람들의 답변이 천차만별일 것이라고 생각하기 쉽지만 실제로는 그렇지 않았다. 오히려 예상치 못한 답변을 한 사람들은 대부분 일반적인 사업을 하고 있었다. 대다수 CEO들의 답변은 '디테일'이었다. 내가 만난 CEO들 중에 가장 큰 부를 이룬 중견 기업 회장도 같은 답변을 했다. 솔직히 나는 그분에게 조금 더 고차원적인 답변을 기대했다. 하지만 그분 역시 디테일을 선택했다.

말하자면 자신의 업무에 대해 세밀한 부분까지 속속들이 알고 있어야 한다는 것이다. 다시 말해 본인 사업 분야에서 전문가가 되어야 한다. 뛰어난 협상력과 초긍정적인 에너지, 확실한 결정력이 있다 하더라도 자기 분야에 대해 전문성이 없다면 무슨 일을 하는지도, 어떻게 돌아가는지도, 왜 하는지도 모르게 된다.

반면 이들이 말하는 디테일을 곡해하는 사람들이 많다. 예를 들어 점심을 어디에서 무엇으로 먹을지를 하나하나 챙기려 드는 사람, 중요한 보고서도 아닌데 토씨 하나까지 신경 쓰는 사람, 비용 절감한다며 직원들 출장 갈 때마다 값싼 호텔을 자기가 직접 찾아보는 사람, 사무용품을 살 때 볼펜 브랜드까지 꼼꼼하게 들여다보는 사람들이 있다. 이들이 자랑하는 꼼꼼함은 디테일이 아니라 그냥 마음 씀씀이가 좁은 것이다.

자신이 관여하는 사업을 전체적으로 이해하고, 상세한 업무까지 모두 파악하는 것, 이러한 디테일이야말로 프로 직장인이 가장 먼저 갖춰야 할 능력이다. 하지만 전문가의 디테일은 절대 단기간에 만들어지지 않는다. 상당한 시간이 걸리기는 하지만 일단 원리를 깨우치면 나중에는 그 사업의 추세와 함께 모멘텀(momentum)만 잃지 않으면 된다. 프로 직장인이라면 디테일을 갖추는 데 평생이 걸리지는 않는다는 뜻이다.

디테일의 완성, 10년

그렇다면 자기 분야에서 남들도 인정하는 전문가가 되기까지 얼마나 걸릴까? 나는 디테일한 전문성을 갖추기까지 7년에서 10년 정도 필요할 것이라고 생각했다. 그리고 많은 CEO들에게 '전문가가 되기까지 얼마나 걸리는지' 물어보았다. 합리적인 결론을 얻기 위해 CEO가 아닌 전문직 종사자와 총괄(디렉터 이상) 직급 직장인들에게도 물어보았다. 또한 해외 업체에서 근무하는 외국인들의 답변도 포함했다. 심지어 단골 미용실 원장에게도 물었다. 그렇게 해서 전문가, 즉 디테일을 완성하는 기간에 대해 내가 얻은 결론은 평균 10년이었다.

10년이라고 결론을 내린 이유는 하나다. 바로 '경험'의 가치 때문이다. 이것은 답변한 사람들의 일반적인 중론이기도 했다. 내 사업 분야에서 전문지식을 쌓는 것은 물론, 그것을 뒷받침하는 경험이 충분히 있어야 한다는 것이다. 전문가들과 업계의 상위 1퍼센트는 그 '충분한 경험'을 10년이라고 본 것이다.

예를 들어 내가 공장을 1년간 운영해본 것과 10년을 운영해본 것에는 어떤 차이가 있을까? 그리고 해외 출장을 가서 바이어 상담을 한 번 해본 것과 10번 해본 것은 무엇이 다를까? 그 차이는 분명하다. 바로 경험이다. 어차피 같은 공장에서 똑같은 일을 10년 했는데 무슨 특별한 차이가 있는가, 해외 출장 가서 똑같은 물건을 10번 판 것이 무슨 대단한 일인가, 하고 반문하는 사람들도 있을 것이다. 이런 사람들은 그냥 이 책을 덮으면 된다. 이런 부류의 사람들은 1장에서 설명한 프로 직장인이 되어야 하는 이유를 이해하지 못한 것이고, 또한 프로 직장인이 되기 위해 어떤 능력이 필요한지 모르는 사람들이다. 경험으로 전문성을 확고히 하는 시간이 왜 필요한지 모른다면 프로 직장인이 되기 위한 방법에 대해 굳이 들을 필요가 없다.

디테일에 지름길은 없다

그렇다면 10년의 시간을 1년 또는 2년 만에 달성할 수는 없을까? 나는 디테일을 완성하는 전문가로 가는 지름길은 없다고 생각한다. 모든 사람들에게는 똑같이 하루 24시간이 주어진다. 남들이 10년에 걸쳐 쌓은 경험을 내가 무슨 재주로

1~2년 만에 하겠는가? 하지만 단계를 뛰어넘을 수는 없어도 단계를 빨리 통과할 수는 있다. 쉽게 말해 전문가에 오르기까지의 과정을 총 10단계라고 했을 때, 몇 단계씩 단숨에 뛰어넘을 수는 없지만 각각의 단계를 남들보다 조금 빨리 달성할 수는 있다. 이것 또한 답변한 사람들의 중론이었다. 그래서 전문가로서 디테일을 완성하는 시간은 6년도 있었고, 7년도 있었다.

10년은 참으로 긴 시간이다. 하지만 그 시간들을 완성하고 난 이후에는 반드시 긴 보상의 시간이 있을 것이다. 그러므로 최대한 빨리 10년 내에 자기 사업에 대해 디테일한 전문성을 갖추어야 한다. 그래야 더 빨리 보상의 시간을 즐길 수 있다. 그리고 이 10년의 시작은 입사한 시점부터라고 생각한다. 그때부터 10년이 되기 전까지 완성해야 한다는 것이다.

그저 월급쟁이로 즐기다가 나이 마흔 중반에 시작해서는 절대 안 된다. 그때 시작하면 20년이 걸려도 완성하지 못할 것이다. 10년을 버틸 수 있는 열정에도, 성실한 자기관리에도 한계가 있기 때문이다. 그리고 마흔이 넘으면 정신적 육체적 에너지도 달린다. 가장 큰 이유는 시간이 부족하다는 것이다. 그래서 나는 직장 후배들에게 이런 말을 한다. "입사하자마자 달려야 한다"고 말이다. 그리고 덧붙인다. "신입일 때 내 시간을 100퍼센트 쓸 수 있다면, 결혼하면 60퍼센트밖에 쓰지 못한다. 그리고 아이가 생기면 그 시간은 20퍼센트밖에 되지 않는다."

결혼하거나 아이가 생겨도 예전처럼 회사 일에 집중할 수 있다고 생각하는 사람이 있을지 모르겠다. 그렇다면 주위를 둘러보라. 당신의 시간이 필요한 누군가가 고통받고 있을 가능성이 크다. 가족을 포기하면서까지 희생하는 직장인이 아닌 한 내 말을 이해할 것이다.

빠른 성공을 위해 조바심을 내지 마라. 디테일을 갖추려면 시간이 걸린다. 그리고 그 시간은 프로 직장인의 노력에 따라 일정 부분 앞당길 수 있다. 그러니 빨리 시작하는 것이 중요하다.

또 한 가지 강조하고 싶은 것이 있다. 자기 업무 분야에서 최대한 깊은 곳까지 도달하겠다는 열정이 중요하다. 같은 프로 직장인의 마인드를 가졌다 해도 9가지를 보겠다고 생각하면 9가지를 볼 것이요, 10가지 전부를 보겠다고 파고들면 10가지 모두를 볼 수 있다. 그것이 진정한 디테일의 완성이다.

02

시스템
빠른 성공보다 탄탄한 체계가 중요하다

○

회사가 잘 돌아가는 데 필요한 체계와 안정은 사업의 원칙과 원리, 그리고 시스템(조직과 구성원의 운영에 대한 규정)이 종합적으로 어우러져야만 실현할 수 있다. 그 3가지가 잘 어우러졌을 때 '잘 돌아가는' 회사가 되는 것이다.

○

조직이 갖춰져 있는지, 새로운 도전에 버텨낼 수 있는지를 먼저 점검해본다. 시스템을 갖추지 못하면 사업을 키워 한순간에 거둬들인 돈이 언제 어디로 새어 나가는지도 모르게 모두 사라지기 때문이다.

"최 부장을 통해 이뤘으면 하는 소원이 있어. 우리 베트남 법인이 시스템을 갖추었으면 해." 중소기업에서 20년 넘게 근무한 총괄 상무가 나에게 한 말이다. 소원이라는 표현까지 쓴 것을 보면 그만큼 간절했는지 모른다. 무역상사에 근무하면서 많은 중소·중견 기업 CEO들을 만나 이야기를 나눠보면, 대기업에 대해 부러워하는 것으로 첫째가 자금력이고 둘째는 시스템이다. 현실적으로 자금력은 중소·중견 기업이 따라 오기 힘들다. 하지만 시스템은 충분히 갖출 수 있다. 그 시스템을 알고 있는 사람이 있다면 말이다.

사회생활을 하다 보면 이런저런 회사를 방문할 기회가 많을 것이다. 당신의 제품이나 서비스를 사는 곳일 수도 있고, 당신이 제품을 파는 곳일 수도 있으며, 같이 사업을 하는 파트너일 수도 있다. 그때마다 이런 생각을 한 적이 있을 것이다. '이 회사는 뭔가 잘 돌아가네' 또는 '여기는 회사 시스템이 좀 아닌 것 같은데'라고 말이다. 어떤 회사가 잘 돌아가는지 또는 잘 돌아가지 않는지는 분위기만으로도 쉽게 알아챌 수 있다. 하지만 무엇이 문제인지, 어떻게 해야 하는지 구체적으로 아는 사람은 많지 않다. 그 문제와 해답의 실체가 잘 보이지 않기 때문이다. 체계와 안정이란 그런 것이다.

회사가 잘 돌아가는 데 필요한 체계와 안정은 사업의 원칙과 원리, 그리고 시스템(조직과 구성원의 운영에 대한 규정)이 종합적으로 어우러져야만 실현할 수 있다. 그 3가지가 잘 어우러졌을 때 '잘 돌아가는' 회사가 되는 것이다.

또한 체계와 안정은 반드시 회사에 금전적인 보상과 미래를 보장한다. 안정된 체계가 없다면 누가 봐도 문제 있는 회사로 느끼게 마련이다. 부서마다 일처리가 전문적이지 못하고, 전체적으로 사업 운영이 불안정해 보이기 때문이다. 그리고 문제와 해답을 알고 있는 사람만이 업무와 조직의 체계를 안정화할 수 있다. 그러한 능력을 가진 사람이 프로 직장인이다.

앞으로 남고 뒤로 밑진다?

캄보디아에서 잠시 사업 관계를 유지한 현지 협력 업체가 있었다. 2016년 초까지 수출액 미화 6천만 달러(한화 약 600억 원) 규모로 수출 순위 10위권에 드는 업체였다. 나도 그곳을 찾아가 재가공용 원료 계약을 했다. 그런데 그 회사를 방문할 때마다 점점 더 궁금한 것이 있었다. 내 기준으로는 그 업체가 존재하는 것 자체가 신기할 따름이었다. 사장이 수시로 해외에 나가 아무리 생산 일정이 빡빡할 정도로 수출 계약을 하더라도 '과연 정말 수출이 되기는 하는 건가'라는 생각이 들었다. 그리고 내가 운영하는 법인보다 1차 원료를 싸게 산다고 하더라도 '과연 이곳이 진정 건실하게 이익을 내는 곳인가'라는 의문이 들었다. 왜냐하면 그 회사는 조직 운영에 큰 문제점이 있었기 때문이다.

그 업체의 회계팀, 생산팀, 수출팀의 직원들은 입사한 지 6개월이나 1년도 되지 않아 회사를 그만두곤 했다. 이직률이 이렇게 높다면 운영은커녕 아무것도 하지 않고 관리만 하기에도 벅찰 것이다. 그래서 나는 더 고민할 것도 없이 그 업체와의 계약을 연장하지 않았다. 원료를 싸게 사는 것보다 내 마음이 불안해서 더 이상 거래할 수 없었다. 이런 업체는 반드시 앞으로 남고 뒤로 밑지는 구조다. 돈을 벌기는 하지만 수출을 할수록 적자가 나는 것이다. 그 적자 운영의 말로가 내가 운영하는 법인에도 영향을 줄 것 같았다. 그리고 실제로 그 업체는 다음 해 파산 신청을 했다.

업무의 프로세스가 정립되어 있지 못하고, 조직 체계가 단단하지 않으면 돈이 언제 어디로 빠져나가는지 알지 못한다. 그 돈이 모두 빠져나갈 때까지 모르는 경우도 많다. 이것은 언제, 얼마의 돈이 나가는지 모른다는 뜻이 아니다. 당연히 나가야 하는 돈이라고 생각하고 계속 지출을 한다는 것이다. 왜냐하면 어떤 프로세스가 맞는지, 그리고 어떤 시스템이 필요한지, 직원들이 어떤 일을 해야 하는지를 모르기 때문이다.

반면 잘 돌아가는 회사는 체계와 안정이라는 주춧돌 위로 돈을 쌓는 것이다. 그런 회사는 돈이 옆으로 새어 나가지 않고 위로만 쌓인다. 그렇게 해서 회사가 그다음 단계로 성장할 수 있는 든든한 디딤돌이 된다.

회사의 미래로 가는 디딤돌

한 중견 기업의 사장과 미팅을 할 때 한탄하는 이야기를 들은 적이 있다. 그는 사업을 키우기 위해 시스템을 갖추려고 대기업 무역회사의 부장을 영입했다고 했다. 그것도 회사의 다른 법인 부사장으로 말이다. 그런데 새로 영입한 부사장이 시스템은 갖추지 않고 지시만 한다는 것이었다. 그래서 그 부사장을 나가라는 의미에서 창고장으로 발령을 냈는데, 벌써 3개월째 창고장 일을 하며 버티고 있다고 했다.

성공한 사람들은 특히 사업을 확장할 때 체계적이고 안정적인 업무와 조직 구성이 무엇보다 중요하다는 것을 알고 있다. 그들은 당장 눈앞의 돈에 현혹되어 불나방처럼 돈이 보이는 곳으로 달려들지 않는다. 그들에게는 돈이 중요한 것이 아니다. 회사의 조직이 갖춰져 있는지, 새로운 도전에 버텨낼 수 있는지를 먼저 점검해본다. 시스템을 갖추지 못하면 사업을 키워 한순간에 거둬들인 돈이 언제 어디로 새어 나가는지도 모르게 모두 사라지기 때문이다. 그들은 그 사실을 너무나 잘 알고 있었다.

회사를 한 단계 더 앞으로 끌고 가기 위해서는 반드시 사업의 원칙과 원리를 확립하고 회사를 운영하는 시스템이 전체적으로 완성돼야 한다. 하지만 내부 인력만으로 시스템을 갖추기는 힘들다. 그래서 그 중견 기업 사장도 외부에서 전문가라고 판단한 사람을 영입하기로 결정한 것이다. 회사의 시스템을 갖추는 일이 얼마나 간절했으면 누구는 소원이라고까지 표현했겠는가.

내가 만든 매뉴얼 중에는 대기업과 중소 · 중견 기업을 비교 분석한 자료가 있다. 특히 여러 중소 · 중견 기업을 접하면서, 대기업과 비교했을 때 장단점과 일련의 차이점을 정리했다. 그것을 만드는 과정에서 체계를 갖춘 안정적인 회사와 그렇지 못한 회사를 구분하는 여러 가지 방법들도 찾게 됐다.

예를 들어 창고를 통해서 아는 방법, 회사 분위기를 보고 아는 방법, 서류를 통해 아는 방법, 각 부서의 조직원 수를 보고 아는 방법 등 다양하다. 그중 가장 핵심적인 것은 직원들의 근속 연수다. 직원들의 근속 연수가 짧은 회사는 체계와 안정을 갖추기가 어렵다. 그리고 이미 갖추었다고 하더라도 언젠가는 공든 탑이 무너진다.

이런 회사는 시스템이 아니라 사람이 문제인 경우가 많다. 결국 시스템을 갖추는 것도 사람이요, 시스템을 무너뜨리는 것도 사람인 셈이다. 임원들의 근속 연수는 모두 15년이 넘는데, 팀장 이하 직급의 근속 연수는 2년이 채 안 되는 회사도 있다. 이런 곳은 해당 업무를 오래 해본 핵심적인 사람들이 남아 있으니 회사가 힘들게 유지되기는 하겠지만 더 이상의 발전은 없다. 지시하는 사람은 많은데, 지시받을 사람이 없으니 말이다. 앞으로 가라고 말하는데 앞으로 갈 사람이 없는 것이다.

그리고 직접 방문해보지 못한 회사의 경우 사장에게 질

문을 던지고 그 답변으로 일차적인 정보를 얻기도 한다. 과거 한 중소기업 대표가 이렇게 답변한 적이 있다. “우리 직원들은 다 순둥이예요. 다들 조용해요.” 잘 돌아가는 회사는 조용할 수가 없다. 사람들이 활기차게 일하기 때문이다. 나중에 그 회사를 가보니 관리팀과 영업팀의 직원 대부분이 입사한 지 2년이 채 안 되었다. 회사를 설립한 지 20년이 다 되어가는데도 말이다. 직원들은 의견을 내도 소용없으니 조용히 주어진 일만 하는 것이다. 어차피 그곳을 벗어나 이직할 생각만 하고 있으니 아무 말 없이 순둥이처럼 일했던 것이다.

03

분석력 숫자 너머를 읽어라

○

그 시기를 포착해서 기회를 만드는 것은 내 능력에 달려 있다. 매달 매일 똑같이 벌어서 언제 성과를 낼 수 있겠는가. 매년 매달 똑같은 실적을 내는 것은 안정적인 사업이 아니다. 이것은 안일한 생각이며 안일한 사업이다.

○

"우리 쪽 사업은 항상 조용해. 특별한 것 없이 항상 똑같아"라고 말하는 사람들이 있다. 하지만 그럴 리 없다. 그럴 경우 사업은 멈춰 있지 않은데, 그 사람이 멈춰 있을 확률이 높다. 그 사람이 항상 조용하고 특별한 것 없이 항상 똑같은 사람일 가능성이 크다.

형체가 없는 사업이 그 모습을 드러내는 유일한 방식이 있다. 바로 숫자다. 그리고 그 숫자는 아주 다양한 방법과 형태로 나타난다. 하지만 문제는 이 숫자들이 알아서 나에게 다가와 곧바로 이해되지 않는다는 것이다. 그 숫자만을 가지고는 사업을 파악하기가 쉽지 않다는 얘기다. 그처럼 숫자는 결코 호락호락하지 않다. 그 숫자들의 의미를 본인이 직접 찾아야 한다.

그리고 그 숫자들을 가지고 사업의 전체적인 방향을 읽고 판단해서 결정을 내려야 한다. 결코 쉬운 일이 아니다. 어찌 보면 아예 맨 처음 단계인 '숫자를 찾는 것'부터 어렵고 힘든 일이다.

그렇다면 내 사업과 관련된 숫자들을 찾아야 하는 이유는 무엇일까? 그 이유는 간단하다. 프로 직장인으로서 그 숫자들을 분석하는 일련의 과정을 통해 내 사업의 최종 결과인 이익을 얻기 위해서다. 얼마를 더 버느냐, 이것이 곧 숫자 아닌가.

돈을 버는 시기는 따로 있다. 그리고 그 시기를 포착해서 기회를 만드는 것은 내 능력에 달려 있다. 매달 매일 똑같이 벌어서 언제 성과를 낼 수 있겠는가. 매년 매달 똑같은 실적을 내는 것은 안정적인 사업이 아니다. 이것은 안일한 생각이며 안일한 사업이다. 이런 사업은 회사에서 하지도 않는다.

내 사업과 연관된 수많은 국가적, 정치적, 사회적 외부 환경들이 숫자로 손짓을 한다. 그리고 사업 단계별로 내부적 요소(factor)들이 자기를 알아봐달라고 숫자로 춤을 춘다. 국제적인 영향 요소도 당연히 고려해야 한다. 그 숫자들을 체계적으로 읽어내야 한다. 이것을 읽어내지 못하면 앞을 내다보지 못한다.

사업을 하면서 남들 밑질 때 나도 밑지고, 남들 벌 때 나도 똑같이 벌면 무슨 의미가 있겠는가. 이런 사람들은 실력도 없이 시장 탓만 한다. 실력 있는 전문가들은 시장이 좋든 나쁘든 항상 돈을 번다. 하지만 그들은 사업이 잘된다고 자랑하지는 않는다. 다만 남들은 어렵다고 하는데 자기만 잘된다고 하기가 뭣해서 나름대로 배려하는 것이다.

그렇다면 숨겨진 숫자들을 어떻게 찾을 것이며, 그 숫자들이 무엇을 말하는지 어떻게 알 수 있는가? 이것을 아는 것이 프로 직장인의 능력이다. 숫자가 말하고자 하는 것을 읽어내기란 길거리에 떨어진 돈을 줍는 것처럼 쉽지가 않다. 쉽다면 모두 다 성공을 하고 돈을 벌었을 것이다. 그 숫자들의 이면을 읽어내는 것이 바로 '분석력'이다. 그리고 다시 말하지만 이 분석력은 숫자를 찾는 것부터 시작된다.

패턴과 사이클

나에게는 그 숫자들을 찾는 방법이 3가지 있다. 내가 숫자를 찾거나, 숫자를 만들거나, 아니면 돈을 주고 사는 것이다.

첫째, 숫자를 찾는 것은 사업에 연관된 모든 통계 자료를 찾는 것을 말한다. 정부기관 홈페이지도 들어가 보고, 사업 관련 일간지, 주간지, 월간지, 소식지, 정보지 등에 실린 내용들을 참고하는 것이다. 그리고 세미나, 컨퍼런스, 박람회 등 행사에 참여하기도 한다.

둘째, 숫자를 만드는 것은 흩어진 숫자들을 찾아서 각종 차트와 그래프로 만든다는 것이다. 내가 원하는 숫자들을 모두 구할 수는 없기 때문이다. 이 방법의 핵심은 내 사업을 숫자화하는 것이다. 내가 지금 사무실에서 하는 일들 말이다.

내 수입량 및 국내 구매량, 그리고 구입 가격, 내 판매 가격 및 판매량부터 시작하는 것이다. 전체적인 것, 외부적인 것, 남들의 숫자만 보는 것은 아무 의미가 없다. 그것들을 내 숫자와 비교하고 평가해야 비로소 내 것으로 만들 수 있다.

셋째, 돈을 주고 사는 것은 연관된 유료 잡지를 구독하고, 해외 글로벌 인덱스에 가입해서 그 숫자들을 얻는 것이다. 세상에 공짜는 없다.

이렇게 찾은 각종 숫자들을 보면 일이 흘러가는 패턴이 있고, 그 패턴으로 인해 숫자들이 위아래로 움직이는 사이클이 있다. 그리고 그 패턴과 사이클의 시작을 알리는 것들이 반드시 있다. 내가 생각하는 것은 2가지다. 직간접적인 사건이 있거나, 아니면 사건으로 터지지는 않았지만 잔잔한 시장에 파장을 일으키기에는 충분한 이슈다. 이 사건과 이슈를 찾아야 최종 분석을 할 수 있다. 바로 타이밍을 결정하는 것이다. 그 타이밍이 돈 버는 기회고, 그때가 돈 버는 시기인 것이다. 하지만 이런 전문가적 분석을 마치고도 실패하는 경우가 많다. 시장이 분석대로 흘러가거나 움직이지 않고 흔들리기 때문이다.

전문가적 분석은 내 몫, 시장은 비전문가들의 몫

내가 분석한 대로만 시장이 움직여준다면 얼마나 좋겠는가. 하지만 그런 적은 거의 없다. 가장 큰 이유는 시장이 대다수의 비전문가들에 의해 움직이기 때문이다. 시장은 1퍼센트의 전문가들이 움직이는 것이 아니다. 99퍼센트의 비전문가들에 의해 움직이는 것이다. 하지만 흔들리는 시장은 패턴과 사이클의 트랙(track)으로 반드시 들어오게 마련이다. 시장이 내 분석대로 움직이지 않는다고 해서 낙담할 필요도, 자책할 필요도 없다. 시장 탓을 할 이유는 더더욱 없다. 시장은 일시적으로는 대다수 비전문가들의 몫이다. 나는 주식을 하지는 않지만 주식 그래프를 보면 알 수 있다. 5년이나 10년간의 주식 변동을 보면 명확한 상승 곡선 사이사이에 출렁이는 많은 불안정한 시기가 있다.

그처럼 불안정하게 흔들리는 시장에 덩달아 나의 중심이 흔들리면 안 된다. 그렇게 되면 어떤 것이 사건이고, 어떤 것이 이슈이고, 어떤 것이 무시해도 될 상황인지 기준이 모호해진다. 그러다 결국 판단이 틀려 타이밍을 놓치게 된다. 나의 분석이 무용지물이 되어버리는 것이다.

예를 들어 나의 분석으로는 시장가격이 올라가야 하는데,

대다수의 보통 사람들에 의해 시장가격이 한시적으로 내려갔다고 하자. 이 시장을 쫓아가면 재고를 더 확보해도 모자랄 판에, 갖고 있는 재고까지 다른 사람들처럼 처분하게 된다. 그러고는 나중에 "처음의 내 분석이 맞았는데……" 하면 아무 소용 없다. 자신의 분석이 맞았다 해도 그대로 하지 않았으니 말이다.

더 큰 문제는 몇 차례 분석에 실패하다 보면 결국에는 자신의 분석을 믿지 못하게 된다는 점이다. 그리고 분석 자체를 포기하게 된다. 이것은 결국 사업을 포기하는 것과 같다. 확고한 분석력을 갖기 위해서는 시간이 걸린다. 한두 번의 분석 경험으로 갖춰지는 것이 아니다. 1~2년도 아닌 아주 긴 시간 동안 축적된 자료와 실전 경험이 필요하다.

내 경험으로는 프로 직장인으로서 분석력을 갖추는 데 필요한 기간은 10년 정도다. 10년 정도 지나면 자신의 분석력을 믿고 치고 나가는 추진력도 생긴다. 그 분석이 항상 맞을 수는 없다. 하지만 열에 아홉은 맞는다. 그렇게 분석력을 발전시켜 나가면 된다. 한두 번 적중했다고 해서 자만하면 안 된다. 그 패턴과 사이클은 늘 변화하고 진화하기 때문이다. 숫자는 단순한 반복이 아니라 특정한 목적지를 향해 간다. 따라서 회사가 멈춰 있다는 것은 사업을 유지하는 것이 아니라 뒤처지다가 결국 사라진다는 뜻이다.

나는 안 될 사업을 끝까지 붙잡고 있는 사람들을 많이 보았다. 이미 그 흐름과 움직임이 없고, 목적지를 잃은 사업은 버려야 한다. 그래서 성공한 사람들은 항상 새로운 것을 고민한다. 본인들이 하고 있는 사업의 목적지가 보이기 때문이다. 그들은 현실적이고 합리적인 판단에 따라 새로운 것을 찾는다. 하지만 그들이 시작하는 새로운 사업은 전혀 해본 적 없거나 관련이 없는 것들이 아니다. 본인이 하고 있는 사업의 처음과 끝에서 더 확대하거나 더 발전된 단계를 찾는다. 그렇게 멈춰 있지 않고 움직이며 새로운 사업을 찾아서 새로운 성공을 만드는 것이다. 성공한 사람들은 룰을 모르는 도박은 하지 않는다.

어떤 분야의 사업이든 마찬가지다. 건설업을 하든, 교육업을 하든, 유통업을 운영하든, 반드시 잔잔한 시장을 흔들면서 앞으로 나가게 하는 사건과 이슈가 있다. 멈춰 있는 사업은 없기 때문이다. 그렇다면 당연히 패턴과 사이클이 있다. 그래서 항상 내가 하고 있는 업무와 사업을 둘러싼 주변의 모든 것에 관심을 가지고 주의 깊게 봐야 한다. 가끔 "우리 쪽 사업은 항상 조용해. 특별한 것 없이 항상 똑같아"라고 말하는 사람들이 있다. 하지만 그럴 리 없다. 그럴 경우 사업은 멈춰 있지 않은데, 그 사람이 멈춰 있을 확률이 높다. 그 사람이 항상 조용하고 특별한 것 없이 항상 똑같은 사람일 가능성이 크다.

04

예의
감정을 통제하고 현실을 직시하라

○

예의를 지키지 않았을 때 가장 큰 문제는 그 관계가 좁혀졌을 때다. 그것은 상호 간의 거리가 사업 관계의 선을 넘어선다는 뜻이다. 그러면 상대가 나에게 해서는 안 되는 부탁을 하거나, 아니면 내가 그런 부탁을 하게 된다.

○

반드시 그런 부탁을 한다. 그리고 나도 그 옳지 못한 부탁에 망설이게 된다. 이 모든 것이 편한 관계에서 비롯되는 것이다.

중요한 거래를 위해 어떤 업체를 방문했다고 하자. 그 업체의 대표는 당신과 거래하기 위해 가장 먼저 무엇을 살펴볼까? 이 질문에 대한 답변은 '전문지식과 경험이 사업의 모든 것은 아니구나!'라는 것을 깨닫게 해주었다. 성공한 사람들은 물건만을 보고 거래하지 않는다. 자기 앞에 있는 사람을 먼저 본다. 그리고 처음 만남에서 '사람을 본다'는 것은 기본적인 태도를 보는 것이다. 처음 만나는 업체와 상담할 일이 있으면 한번 테스트를 해보는 것도 좋겠다. 상대가 당신이 꺼내놓은 제품에만 관심을 가지고 질문을 쏟아내는지, 아니면 제품에는 눈길 한 번 주는 것으로 끝나고 계속 당신을 관찰하고 분석하고 있는지 말이다.

예전에 한 중소기업 CEO는 사람의 진가를 알아보는 자기만의 순서가 있다고 이야기했다. 첫째 태도를 보고, 둘째

심성을 보고, 마지막으로 실력을 본다는 것이었다. 그 이유는 이렇다. 그가 생각하건대, 태도는 만나는 즉시 알 수 있고, 심성은 최소 두세 번은 만나봐야 알 수 있으며, 실력은 그 깊이를 아는 데 가장 많은 시간이 걸린다고 했다. 나는 이것을 사업에 비유해 보았다. 태도는 사업에서 변함없이 기본을 지키는 예의일 것이고, 심성은 올바른 사업적인 능력일 것이며, 실력은 제품, 즉 사업일 것이다.

처음 찾아간 업체의 대표에게 예의로 먼저 합격을 받아야, 실력을 보여줄 기회를 얻을 것이다. 그리고 그렇게 실력을 보여준 다음에야 내 사업 이야기를 할 수 있고, 내 제품을 팔 수 있다. 사업에서 기본적인 태도, 즉 사람에 대한 예의는 그만큼 큰 힘을 발휘한다. 그 큰 힘의 가치를 알고 지키며 실천하는 것, 그것이 프로 직장인의 능력이다. 그리고 그 능력은 사업에서 가장 필요한 2가지 순기능을 가지고 있다. 그것은 냉철함과 사업에서 필요한 거리를 유지하는 것이다.

예의의 냉철함, 화내면 진 것이다

사업은 사람이 하는 것이다. 사람과 사람이 만나는 자리가 언제나 좋게 시작해서 좋게 끝나는 경우는 드물다. 왜냐하면 사람이 하는 일에는 으레 감정이 개입되기 때문이다. 이성적으로 거래에만 집중하거나 문제의 현안에 대해 객관적으로 논쟁하기보다는 감정적으로 풀어가려는 사람들이 많다. 나 또한 그런 사람들과 마주할 때마다 화가 치밀어 오르고 당장이라도 거래를 중단하거나 그 자리를 박차고 나오고 싶을 때가 한두 번이 아니었다. 10년 넘게 상사맨으로서 얼마나 많은 사람들을 만나고 수많은 경험을 했겠는가? 하지만 끝까지 예의를 지켜야 한다. 그래야 미팅 테이블에 놓인 대상의 본질을 냉철하게 볼 수 있다. 그렇다. 이 감정을 통제하고, 현실을 직시하게 하는 것이 바로 예의다.

상대가 자기 기분에 따라 꺼내놓는 불쾌하고 이해되지 않는 언행들을 예의 있게 받아내야 한다. 나도 덩달아 휘말려 똑같이 화를 내거나 불쾌한 표정을 짓는다면 아무것도 얻을 수 없다. 그렇게 하는 순간 그 거래에서 지는 것이다. 결국 뭔가를 얻기 위해 나간 자리에서 빈손으로 돌아오기 때문이다. 그 이유는 단순하다. 보통 당신이 화를 내면 상대는 그 미팅에서 당신이 화낸 것밖에 기억하지 못한다. 아무리 좋은 제품을 선보였다고 해도, 아무리 좋은 서비스를 제공했다 해도, 그리고 당신이 아무리 뛰어난 능력을 갖춘 전문가라는 것을 보여줬다고 해도 소용없다. 당신은 그저 미팅에서 화낸 사람일 뿐이고, 그 거래는 그것으로 끝나는 것이다. 다음 기회의 여지조차 남지 않는다. 그렇다고 예의를 지킨다는 것이 어떤 상황에서도 생각 없는 사람처럼 웃으라는 뜻이 아니다. 다만 자신의 감정이 끼어들지 못하도록, 확고하고 진지한 자세를 유지하면서 기본적인 예의를 지키면 된다.

사업에서 필요한 거리를 지켜주는 도구, 예의

예의를 지키는 데에는 또 하나의 순기능이 있다. 상대와 사업에서 필요한 거리를 지킬 수 있다는 것이다. 이 거리를 유지하는 데 가장 중요한 2가지는 호칭과 존댓말이다. 사업에서 호칭과 존댓말은 상대에 대한 확실한 존중을 표하면서, 그 거리가 넓혀지는 것을 방지하고 특히 좁혀지는 것을 막아준다.

나의 '회사 생활 원칙'에는 호칭과 존댓말에 대한 부분이 있다. 호칭에 관해서는 사업상 만나는 누구와도 '형님', '동생'으로 부르지 않는 것이다. 외국인도 마찬가지다. '미스터'나 '미스'라는 존칭을 꼭 붙인다. 그리고 존댓말에 관해서는 상대가 나보다 나이가 적든 많든 항상 존댓말을 사용하고, 상대가 말을 놓는 것도 허락하지 않는다. 관계가 너무 딱딱하고 무거워 거리가 멀어지게 되더라도 나는 이 원칙을 지킨다. 그 사람과의 거래가 성사되지 않고, 사업을 같이하지 못하게 되더라도 말이다.

하지만 이 2가지 예의를 지키지 않았을 때 가장 큰 문제는 그 관계가 좁혀졌을 때다. 그것은 상호 간의 거리가 사업 관계의 선을 넘어선다는 뜻이다. 그러면 상대가 나에게 해서는 안 되는 부탁을 하거나, 아니면 내가 그런 부탁을 하게 된다. 혹자는 이렇게 말할 수 있다. "호칭도 편하게 하고 말도 놓고 지내면서도, 서로 불편한 부탁은 안 하면 되지 않으냐?" 하지만 그렇게 선을 긋기는 쉽지 않다. 상대는 반드시 그런 부탁을 한다. 그리고 나도 그 옳지 못한 부탁에 망설이게 된다. 이 모든 것이 편한 관계에서 비롯되는 것이다.

내가 사업상 만나는 사람들은 대부분 나보다 연장자인 경우가 많다. 하지만 그분들은 먼저 고개를 숙이고 서로를 존대한다. 나 또한 그분들에게 말을 놓으라고 말한 적이 없다. 그리고 일부러 나를 낮추고 싶지도 않다. 나를 낮추면 상대는 대개 내 사업까지 낮춰 보는 경향이 있기 때문이다. 5년 이상 오랜 인연을 이어가는 분들도 많지만 아직도 서로의 호칭과 존댓말에는 변함이 없다.

나는 이렇게 생각한다. 내가 예의를 지켜가고 있는 것이 아니라, 그분들이 예의를 지키며 나와 사업에 필요한 거리를 두고 있는 것이라고 말이다. 왜냐하면 그들의 호칭과 존댓말에는 전혀 어색함이 없고, 그들 스스로 전혀 불편해하지 않는다는 것을 확실히 느꼈기 때문이다.

사업에서 예의를 갖추는 것은 프로 직장인이 갖춰야 할 능력이다. 대부분의 사람들이 상대의 기본적인 태도와 예의는 민감하게 보면서 스스로 예의를 지키는지는 신경 쓰지 않는 경우가 많기 때문이다. 사업을 하면서 스스로 예의를 지키지 않는 사람들은 대체로 하수다. 자신이 상대의 예의를 평가하면서, '아, 이 사람과는 사업을 같이해도 되겠구나'라고 판단하면 무엇 하겠는가. 상대는 이미 당신의 태도를 보고, '아, 이 사람하고 사업을 하면 안 되겠구나'라고 결론을 내버렸는데 말이다.

이런 비슷한 경험을 해본 사람들도 있을 것이다. 자신은 어느 업체 담당자 또는 다른 팀 직원이 마음에 쏙 들어서 같이 일해보고 싶은데, 그들이 원치 않는 경우를 말이다. 남의 예의를 논하기 전에 자신을 먼저 돌아봐야 한다. 이렇게 사업에서의 예의는 내 마음가짐이자 남에게 비쳐지는 내 모습이다. 이것을 잊지 않기 위해 나는 '회사 생활 원칙'을 만들어 항상 지켜야 할 예의를 되새김질하고 있다.

05

정도
싫은 소리를 해야 할 때는 확실하게 한다

○

회사에서 일어나는 대부분의 사고는 직원들이 '유연함'과 '정도를 깨는 것'을 뚜렷이 구별하지 못하고 착각하는 데서 비롯된다. 보통 상대방의 아쉬운 소리를 받아들이다가 사고가 난다. 엄연히 말하면 이것은 사고가 난 것이 아니라 사고를 친 것이다.

○

유독 우리나라 사람들은 인정이 많아서 그런지 상대방이 아쉬운 소리를 하면 싫다고 하기는커녕 일부라도 들어주려고 한다. 그리고 친절하게 대안까지 제시해준다. 보통 이러다가 사고가 더 커지고 꼬인다.

사무실에 있으면 직원들이 전화기를 들고 쩔쩔매는 소리가 종종 들린다. 한국에서 후배 직원들도 그랬고, 해외법인의 현지 직원들도 그랬다. 보통 그런 전화는 아쉬운 소리를 해야 하는 경우다. 하지만 그 통화 내용은 대부분 내가 지시한 것이다. 사업을 하다 보면 온갖 일들을 경험하게 된다.

그런데 직원들 각자가 담당하고 있는 일에 문제가 생길 것이 뻔히 보이는데도 가만히 있기에 할 수 없이 내가 지시한 것이다. 아쉬운 소리를 하고 싶은 사람이 있을까. 나도 마찬가지다. 하지만 아쉬운 소리를 하는 것은 그리 어려운 일이 아니다. 싫은 소리를 하는 것에 비하면 말이다.

사고가 난 것과 사고를 친 것은 다르다

회사에서 아쉬운 소리를 잘하는 상사들은 많다. 드물기는 하지만 넉살 좋게 아쉬운 소리를 잘하는 후배도 있었다. 하지만 어디를 가든 싫은 소리를 잘하는 사람은 찾아보기 힘들다. 싫은 소리를 잘하는 사람은 보통 확실한 자기만의 기준이 있다. 그리고 마인드도 강해야 한다. 왜냐하면 어설픈 이유를 대면서 자신감 없이 '싫다'라고 말하면 반격을 당하기 때문이다. 자칫 실없는 사람이 되어 상대와의 관계가 악화될 수도 있다. 그리고 한국인 정서로는 싫다고 하면 상대에게 미안한 마음이 들기도 한다. 이런 이유에서 싫은 소리를 하기가 어려운 것이다. 하지만 프로 직장인은 싫은 소리를 잘한다. 사업에 대한 본인만의 확고한 기준과 원칙이 있기 때문이다. 이것은 프로 직장인이 갖추어야 할 정도(正道)에 대한 신념이다.

"좀 유연하게 일해야 좋은 것 아니냐"고 말할 수도 있다. 하지만 회사에서 일어나는 대부분의 사고는 직원들이 '유연함'과 '정도를 깨는 것'을 뚜렷이 구별하지 못하고 착각하는 데서 비롯된다. 보통 상대방의 아쉬운 소리를 받아들이다가 사고가 난다. 엄연히 말하면 이것은 사고가 난 것이 아니라 사고를 친 것이다. 그렇다면 어떤 경우가 유연하게 대처한 것이고, 어떤 경우가 정도를 지키지 못해 사고를 친 것일까. 실제로 있었던 다음의 사례를 가지고 알아보자.

[사례 1]

제품의 포장지를 납품하는 업체가 사정이 생겨 계약서에 명시된 배송일을 지키지 못했다. 포장지가 필요한 날짜에 여유가 있어 납품업체가 부탁하는 3일 배송 연기를 받아들였다. 이건 유연하게 처리한 것이다.

[사례 2]

포장지 제작업체가 사정이 생겨 배송 연기를 요청했는데, 그렇게 되면 제품 생산 일정이 틀어진다. 이때 배송 지연을 허락하는 것은 정도를 지키지 못하는 것이다. 포장지 업체에 연락하여 밤을 새워서라도 만들어서 애초의 배송 일정을 지키라고 해야 한다. 그러지 않고 상대의 입장을 헤아리다 보면 바이어에게 신용을 잃게 된다. 실제로 이 포장지 업체는 다른 계약을 뒤로 미루고 추가 작업을 해서 하루 만에 포장지를 납품했다.

[사례 3]

영국의 바이어가 수출 대금 송금 날짜를 지연하겠다고 연락해 왔다. 업체 사장이 관계를 생각해서 한 번 봐달라며 직접 양해를 구했다. 나는 DHL에 연락하여 발송된 원본 서류를 지체(holding)할 수 있고, 아직 물건이 영국에 도착하지 않았기에 송금 지연 요청을 받아들였다. 이것은 바이어와의 관계를 고려하여 융통성 있게 대처한 것이다.

[사례 4]

2년 동안 거래한 미국 수입업체를 믿고 제품을 배에 선적 중이었다. 하지만 계약된 선수금을 출항 직전까지 송금하지 않았다. 미국 담당자는 회계팀에 처리 요청을 했으니 입금이 됐을 거라며 우선 수출 진행을 요청했다. 토요일이었다. 하지만 나는 송금확인증을 받지 못한 상태였다. 이때 수출을 그대로 진행하면 정도를 어기는 것이다. 실제로 나는 큰돈을 주고 출항 직전에 수출 물량 컨테이너 2개를 모두 내렸다. 수출을 안 한 것이다. 그리고 불필요하게 지출된 비용을 모두 미국 업체에게 받아냈다.

나중에 이 업체들과의 관계가 어떻게 변했는지 궁금하지

않은가? 특별한 변화가 없었다. 예전과 같이 거래를 지속했다. 다만 작은 변화가 있었다. 나한테 아쉬운 소리를 했다가 거절당한 업체들은 웬만해서는 같은 실수를 하지 않았다.

싫으면 싫다고 해라

해외 업체들과 많은 거래를 하면서 느끼는 것이 있다. 아쉬운 소리든 싫다는 소리든 아시아권 사람들이 더 못 하는 것 같다. 특히 유럽 사람들은 싫다는 소리를 아주 잘한다. 유독 우리나라 사람들은 인정이 많아서 그런지 상대방이 아쉬운 소리를 하면 싫다고 하기는커녕 일부라도 들어주려고 한다. 그리고 친절하게 대안까지 제시해준다. 보통 이러다가 사고가 더 커지고 꼬인다. 그냥 "싫습니다! 죄송합니다!"라고 확실하게 이야기하면 된다. 당시에는 "그동안 우리가 거래한 게 얼만데", "이럴 줄은 몰랐네.", "서운하네" 등등의 말을 하겠지만 섭섭하고 불쾌한 감정은 그때뿐이다.

하지만 아쉬운 소리를 끊지 못하고 같이 고민하다가 괜히 확실한 해결책도 아닌 것을 진행하다 보면 일이 더 복잡해진다. 그리고 상대방은 항상 이런 말을 한다. "다 될 것처럼 이야기하더니. 그냥, 그때 안 된다고 하지"라고 말이다. 그렇다! 아쉬운 소리를 하는 상대방도 마음 깊은 곳에서는 이미 알고 있다. 정도를 지켜야 한다는 것을 말이다. 그러므로 안 되는 일은 곧바로 '안 된다'고 확실하게 말해야 한다.

프로 직장인은 물론 유연하고 융통성이 있어야 한다. 하지만 싫은 소리를 해야 할 때는 내가 상대방과의 관계를 유지하기 위해 정도를 지키는 것으로 이해시키고 정당하게 표현하면 된다. 그것이 일을 올바르게 처리하는 방법이다. 그리고 이것이 바로 프로 직장인이 일하는 방식이다. 그러지 않으면 사고가 나게 된다. 결국 상대방 입장을 생각하다 나만 실력 없는 사람 취급을 당하며 돈도 잃고 사람도 잃는다.

사회생활을 하면서 상대방이 부탁하는 아쉬운 소리를 들어주다가 잘못된 사람들을 많이 봤다. 상대방의 아쉬운 소리를 조금씩 들어주다 보면 단순한 온정이나 배려 차원을 넘어 옳지 못한 대가가 오고 가기 때문이다. 그래서 처음부터 여지를 남기지 않고 확실하게 싫은 소리를 해야 한다고 강조하는 것이다. 좁은 골목길에서 초보 운전자가 '이 정도면 충분히 빠져나가겠는데' 생각하고 천천히 운전해 가다가 담벼락을 들이받는 것처럼 말이다. 아니다 싶으면 바로 멈춰야 한다. 생각하면서 계속 가면 안 된다. 생각을 하더라도 우선 멈추고 생각해야 한다.

이 정도는 해야 완벽한
직장인이라 할 수 있다

좋은 팀을 고르는 법

어떤 회사, 어떤 조직에서 무슨 일을 하더라도 프로 직장인의 방식으로 일한다면 누구나 프로 직장인이 될 수 있다. 하지만 소위 나쁜 팀, 나쁜 회사보다 좋은 팀, 좋은 회사에서 일하면 조금 더 쉽고, 빠르게 프로 직장인이 될 수 있다. 좋은 환경이 중요하다는 것은 부정할 수 없는 사실이다. 다만 내 기준으로는 좋은 팀, 좋은 회사의 조건에 돈은 포함되지 않는다. '내가 프로 직장인의 방식으로 일하는 데 얼마나 좋은 조건을 가졌는가'만을 따지기 때문이다. 내 사업과 관련된 전문적 디테일을 완성할 수 있는 조건을 갖춘 곳이 진짜 좋은 팀, 좋은 회사다.

앞에서도 이야기했듯이, 무역상사의 특성상 한 팀은 마치 한 회사와 같이 개별적으로 움직인다. 큰 회사의 시스템 내에서 움직이는 작은 회사처럼 말이다. 그래서 내가 생각하는 좋은 조건들을 하나하나 연구하면서 만든 매뉴얼이 '좋은 팀을 고르는 법'이다.

좋은 팀을 고르는 방법에는 20여 가지가 있다. 하지만 무역 상사의 경우 다루는 제품군이나 사업 환경과 연관된 조건들이 대부분이다. 독자들의 다양한 업무 분야를 고려할 때, 모두에게 공통적으로 적용될 만한 것은 3가지 정도다. 특히 취업을 준비하는 예비 직장인들이나 입사한 지 몇 년 되지 않은 젊은 친구들에게는 조금이나마 참고가 될 것이라 믿는다.

"당연히 좋은 조건을 다 갖추었다면 좋은 회사 아니겠는가" 라고 생각하는 사람들이 있을 것이다. 그들에게는 한 가지 말해주고 싶은 것이 있다. 나도 처음에는 그렇게 생각했다. 하지만 남들도 다 생각하는 것이라고 해도, 직접 경험해본 사람과 생각만으로 그친 사람은 분명 차이가 있다. 다음 3가지 조건을 본인의 팀이나 회사와 비교해보면서 그 차이를 경험해보길 바란다.

최소 10년 이상의 역사를 가진 팀에서 일하라

이런 팀은 보통 사업의 체계가 잘 정립되어 있다. 각 업무마다 담당이 명확하게 나눠져 있고, 하위 단계별 업무 범위도 명확하게 구분된다. 또한 경험이 풍부하다는 것도 장점이다. 팀의 역사만큼 성공과 실패의 사례들이 축적되어 만들어진 자료들이 있을 것이다. 참고로 이런 팀은 직원의 전문성 향상에 필요한 교육이나 행사(3장 참조) 참여, 국내외 출장 등이 업무 과정으로 갖춰져 있다.

반면 이런 이유로 신규 사업이나 프로젝트 관련 팀은 기피의 대상이 되기도 한다. 나도 일부 동감한다. 자기 업무를 충실히 쌓아온 사람이나 10년 이상의 경력으로 전문성을 갖춘 사람들은 프로젝트 팀에서 본인의 역량을 발휘하며 성과를 낼 수도 있다. 하지만 입사 4년차 이하의 젊은 직원들은 제대로 배우지도 못하면서 안 좋은 소리를 듣기 십상이다. 그리고 이런 팀에서 일한 경험은 나중에 경력직으로 이직할 때도 크게 도움이 되지 못한다.

사람들이 많은 팀에서 일하라

사람이 많은 팀에 가야 하는 2가지 이유가 있다. 첫째, 사람이 많다는 것은 배울 사람 또한 많다는 것이다. 부장, 차장 등 직급별로 몇 명씩 있다면 금상첨화다. '나도 저렇게 해야지'라는 생각이 드는 멘토도 생길 것이고, '나는 저렇게 하지 말아야지'라는 생각이 드는 꼰대도 만날 것이다. 이렇게 배우는 것이다. 사람이 많은 곳에서는 사회 속의 작은 사회를 경험하는 것과 같다. 인간관계도 같이 배운다는 뜻이다. 둘째, 사람이 많은 팀은 회사에서 키워주는 사업을 하는 경우가 많다. 사업이 쪼그라들기보다는 회사 차원에서도 사업이 확장될 수 있도록 지원해준다는 것이다.

가끔 매출 규모가 큰 사업을 하는데 인원이 3~4명밖에 안 되는 팀이 있다. 이런 팀들은 대부분 극소수의 사람들이 똘똘 뭉쳐 큰 사업을 하는 것이 아니라, 각자 전문성을 발휘해 독립적으로 일한다. 배우는 입장에서는 만만한 팀이 아니다.

사람을 보지 말고 사업을 보고 팀을 옮겨라

"그 사람이 좋아서, 그 사람을 보고 간다"고 말하는 사람들이 있다. 하지만 말 그대로 사람을 조건으로 보고 자리를 움직이는 것이 아니다. 마음에 손을 얹고 솔직히 생각해보라. 이것은 그냥 "일을 편하게 하고 싶다"고 말하는 것이나 마찬가지다. 편한 사람 밑에서 편하게 지내고 싶은 마음에 사람 핑계를 대는 것이다. 다시 한 번 말하지만 좋은 팀을 고르는 이유는 편하게 일하기 위해서가 아니라, 프로 직장인이 되기 위해서라는 사실을 잊지 말아야 한다.

물론 사내 정치 때문에 진짜 사람만 보고 팀을 옮기는 경우도 있다. 이것도 추천할 만한 처세술은 아니다. 내가 소속되었거나 나를 관리하던 팀이 13년간 여섯 번이나 바뀌었다. 평균 2년이 조금 넘는다. 윗사람들이 금방금방 바뀐다는 것이다. 그래서 사람만 보고 가면 안 된다. 중견 기업이나 대기업에서는 사람을 쫒

다가 함께 집으로 돌아가는 경우를 많이 봤다. 동시에 퇴사하는 것도 아니고, 따라간 사람이 먼저 퇴사하기도 한다. 입사에는 순서가 있어도, 퇴사에는 순서가 없다.

중소기업을 겪어보니 규모가 작은 회사들은 5~10년 이상 한 가지 업무를 하고 있는 사람들이 많았다. 하지만 한 분야에 오래 머물렀다 하더라도 사람을 보고 가는 것은 추천하지 않는다. 단순 업무를 10년 이상 하면서 직급만 올라간 사람들도 많기 때문이다. 오랜 시간을 두고 배울 것이 없을 수도 있다는 이야기다. 그러므로 팀을 결정할 때는 오직 사업만 봐야 한다.

오래전에 근무했던 사업부의 후배 직원과 단둘이 저녁 술자리를 가진 적이 있다. 이런저런 이야기를 나누던 중에 그가 대학생 때부터 자신의 아버지께서 말씀하신 '아들이 들어가야 할 회사의 3가지 조건'에 대해 들려주었다. 그것을 듣는 순간 진심으로 '참, 훌륭한 아버지를 두었구나'라는 생각이 들었다. 그의 아버지가 말한 회사는 연봉을 많이 주는 회사도 아니고, 아들이 편하게 다닐 수 있는 회사도 아니었다. 그 3가지 조건은 첫째 뜨내기 손님들이 아닌 거래처를 상대하는 회사, 둘째 남이 잘돼야 내 사업이 잘되는 것이 아닌 나 스스로 잘 될 사업을 하는 회사, 셋째 사람이 많고 제품 또는 서비스의 단가가 큰 회사였다. 그의 아버지가 중국에서 사업을 오래 하셨다는 이야기를 들은 적이 있는데 역시 달랐다. 또한 '그래서 이 친구가 회사에서 인재로 인정받는구나' 싶었다. 그의 아버지가 말한 3가지 조건은 인간관계에서 아들을 걱정하는 마음과 배움에 대한 중요성을 절실히 느끼게 해주었다.

좋은 조건이란 다른 말로 배울 수 있는 여건이다. 하지만 배울 수 있는 여건은 갖춰져 있는데 본인이 배우지 않으면 아무 의미가 없다. 도서관에 책은 많은데, 내가 읽지 않으면 소용없는 것처럼 말이다. 나는 '좋은 팀을 고르는 법'에서 사람에 대한 조건을 제외했다. 신입사원이나 직장인이 윗사람을 고를 수는 없기 때문이다. 하지만 배울 수 있는 여건이란 사람이 만드는 경우가 많다. 안타깝지만 어쩔 수 없다. 나와 술자리를 함께했던 그 젊은 친구가 나중에 회사를 떠났다는 이야기를 들었다. 도서관에 읽고 싶은 책이 가득 차 있는데, 누군가 도서관 문을 잠가놓았기 때문이다.

06

영업력
상대의 관점에서 바라보고 협상하라

○

사람들은 제품과 서비스를 팔기 위해 바이어를 만나고, 새로운 사업에 진출하기 위해 미래의 파트너를 찾아 나선다. 나는 이것을 단순히 물건을 팔고, 기회를 파는 것이라고 생각하지 않는다. 나의 회사, 그리고 나를 팔러 다니는 것이라고 생각한다.

나는 무역상사에 다니면서 판매자와 구매자의 위치를 모두 경험해보았다. 그것은 업무적으로 매우 값진 배움의 기회였다. 또한 개인적으로는 비즈니스의 양면을 상세히 들여다보면서 나를 되돌아볼 수 있는 기회이기도 했다. 업무 전문가와 사업가로서 어떤 마음가짐을 가져야 하는지를 배웠기 때문이다. 그에 못지않게 남을 돕는 기회를 가질 수 있어서 좋았다. 한국 중소 식품 기업과의 상담에서 수출 자문 역할을 한 것이 그랬다. 그리고 해외에서는 그들의 국제 시장 진출을 위해 도움이 될 수 있었던 것이 큰 보람이었다.

지난 수년 동안 많은 이야기가 있었고, 그만큼 아쉬운 미팅들도 많았다. 그들과 직접 상담을 했을 때도 그랬고, 옆에서 그들의 상담을 지켜봤을 때도 그랬다. 특히 다른 사업 분야에 있는 회사의 수출 담당자와 대표들이 진행하는 바이어 미팅을 옆에서 지켜보면서 부수적으로 배운 것들이 또 하나의 소득이었다.

아쉬운 미팅들이란 중소기업의 능력이 떨어진다는 의미가 아니다. 다만 생각의 관점을 약간만 틀어주었다면, '분명 좋은 결과로 미팅이 마무리되지 않았을까' 하는 생각이 들었기 때문이다. 그들은 정말 좋은 제품력을 보유하고 있었다. 그들은 매일 '어떻게 하면 좋은 제품을 만들까' 하는 것만을 생각하는 사람들이었다. 하지만 '어떻게 팔까' 하는 것은 생각의 관점에서 벗어나 있었다. 어떤 업체는 '어떻게 팔까' 하는 생각의 관점이 어디에도 없었다. 그 생각의 관점을 바꾸기는 말처럼 쉽지가 않다. 그래서 프로 직장인이 갖추어야 할 능력 중에 하나가 바로 판매 중심 마인드다.

물건만 잘 만들면 무조건 잘 팔린다?

전라북도 익산에는 국가 추진 사업의 일환으로 농림축산식품부 산하 국가식품클러스터라는 곳이 있다. 국내 농산물을 기반으로 식품을 가공하고 생산하는 업체들의 수출을 돕는 산업단지다. 그곳은 각종 정부·유관 기관의 기술, 인력 보조 등이 잘 갖춰져 있다. 특히 수출 사업에 대한 지원이 잘되어 있어 정기적으로 입주 설명회와 각종 지원에 대한 간담회가 열리기도 한다. 그곳에서의 미팅을 포함하여 내가 상담을 진행한 대부분의 중소기업 대표들은 작은 공장에서 어렵게 시작했다. 그리고 지금은 좋은 수입차를 타고 다닐 정도로 사업을 키운 사람들이었다. 당연히 자신들이 만든 제품에 대한 자부심이 대단했다.

그런데 업체들의 매출 구조와 영업 조직을 들여다보고 조금 놀랐다. 그렇게 열심히 만들어서 남의 회사 이름과 상표를 붙여 대기업 식품 회사 또는 중견 프랜차이즈 업체에 납품하는 회사가 90퍼센트 이상이었던 것이다. 물론 그러한 방식이 잘못된 것은 아니다. 하지만 그 중소기업 대표들은 그런 납품 구조를 탈피하고자 했다. 그래서 자사 브랜드의 국내 매출 채널을 확대하고, 수출을 통한 판매 증대를 하고 싶다고 말했다. 그래서 나를 찾아온 것이 아니던가. 그런데 상담의 처음과 끝은 항상 같았다. "물건만 잘 만들면 무조건 잘 팔린다." 그 사람들 머릿속 어디에도 누가, 어디에, 어떻게 팔 것인가 하는 계획이 없었다. 아니, 계획 자체를 하지 않는 것 같았다.

요즘처럼 기술이 발달한 환경에서는 경쟁 업체 간 제품력의 차이가 크지 않다. 압도적인 제품력을 가지기가 쉽지 않다는 것이다. 따라서 제품력은 바이어의 구매 결정에 큰 영향을 끼치지 않는다. 제품 생산 기술이 상향 평준화되어 품질이 엇비슷하다는 뜻이다. 내가 만드는 제품도 마찬가지였다. 국가식품클러스터 상담 업체들처럼 우리 해외법인의 수출 농산물 가공품이 옆에 있는 공장의 제품과 질적으로는 비등비등했다. 그런데 왜 누구는 자사 제품을 여러 나라에 수출하고, 누구는 국내 OEM(주문자 상표 부착 생산)만 하고 있는 것일까?

어떤 사업 분야든 마찬가지다. 국내시장만 해도 피 터지는 경쟁인데, 해외 수출 시장까지 나가려면 많은 준비가 필요하다. '우리 동네에서는 이 제품이 가장 좋다고 하니, 옆 동네에서도 충분히 먹힐 거야. 한번 팔아보자'라는 생각으로는 힘들다. '무조건 잘 만들면 잘 팔린다'는 생각은 버려야 한다. 옛날 배고픈 시절에는 많이 만들면 많이 팔렸다. 그리고 1970년대와 1980년대 경제성장기에는 '좋은 물건만 만들면 많이 팔린다'는 공식이 통하기도 했다.

하지만 물자가 풍부하고 기술도 상향 평준화된 지금은 잘 팔려면 어떻게 만들어야 되는지를 고민해야 한다. 잘 만드는 데 돈과 시간을 투자하고, '이제 어떻게 팔지?'라고 고민하면 이미 늦은 것이다. 생각의 관점을 바꿔야 한다. 그래야 국내 판매를 늘리든, 수출을 하든 할 수 있다. 언뜻 간단해 보이지만 판매 중심 마인드가 없어서 고전하는 회사들이 너무 많다.

캄보디아 부호 '박카스 사장'의 레슨

대기업을 포함한 한국 음료업계는 최근 몇 년간 공격적으로 해외 진출의 문을 두드렸다. 한류열풍과 더불어 특히 동남아시아 시장에서 큰 관심을 보였기 때문이다. 그리고 이미 언론에도 여러 차례 소개된 동아제약 '박카스(에너지 음료)'의 캄보디아 수출 성공 사례는 한국 음료업체들에게 일종의 롤모델이었다. 그리고 캄보디아에는 당연히 그 박카스를 구매하는 동아제약 파트너 업체가 있다.

내가 대기업 해외법인장으로 캄보디아에 근무했을 때 이 업체는 자국 내에서도 유명했다. 동아제약의 캄보디아 독점 수입권과 주변국 유명 기업의 음료 사업권을 보유한 켐골드(Cam Gold)가 바로 그 회사였다. 일명 '박카스 사장'으로 불리는 켐골드 대표는 대기업 오너만큼은 아니어도 현지에서 인정받는 부와 영향력을 갖고 있는 사람이었다.

2017년 5월 나는 한국 중견 유제품 음료 전문 업체와 켐골드 사장의 미팅을 추진한 적이 있다. 개인적으로 만나보고 싶은 인물이었지만 미팅을 확정하기까지 과정이 결코 쉽지 않았다. 그 사장을 만나고 알게 된 사실이지만, 그에게 들어오는 미팅 요청이 일주일에 20건 정도 된다고 한다. 왜냐하면 한국 음료업체뿐만 아니라 전 세계의 모든 음료업체가 캄보디아에 진출하기 위해 그를 만나려고 하기 때문이다. 연중 무더운 동남아시아 국가들의 음료 시장이 다른 식품 분야보다 클 것이라고 예상은 했지만 가히 그 사업 규모가 놀랄 만했다.

미팅 당일에 나는 '박카스 사장'을 만난다는 기쁨에 마음이 설렜다. 켐골드 사장은 "안녕하십니까. 와서 감사합니다"라며 어설픈 한국말로 인사를 했다. 그런데 미팅은 예상외로 흘러갔다. 그 사장의 마음을 읽지 못한 한국 업체의 수출팀장은 계속 자기 회사 제품 자랑에만 열을 올렸다. 켐골드는 에너지 음료, 과일 음료, 탄산음료, 차를 주로 취급하는 회사였다. 그래서 켐골드 사장은 생소한 한국 유제품 음료를 캄보디아에서 어떻게 팔아야 하는지 알고 싶어 했다. 이에 더해 한국에서는 지금 어떻게 팔리고, 베트남에 수출한다는 유제품 3종은 어떤 유통 채널과 마케팅 전략으로 판매되고 있는지 궁금해했다.

그러나 켐골드 사장의 계속된 질문에도 한국 업체의 수출팀장은 시종일관 똑같은 답변만 했다. 이것도 좋고, 저것도 좋고, 결국 '우리 제품이 최고다'라고 말이다. 바이어 입장에서는 품질이 좋다고 해서 최고의 제품이 아니다. 그들에게는 잘 팔리는 제품이 최고인 것이다. 그 수출팀장은 그것을 깨단지 못한 상태에서 미팅에 참석한 것이다. 그리고 1시간 동안의 미팅을 통해, '박카스 사장'이 온몸으로 가르쳐주었는데도 그는 끝내 깨닫지 못했다.

사람들은 제품과 서비스를 팔기 위해 바이어를 만나고, 새로운 사업에 진출하기 위해 미래의 파트너를 찾아나선다. 나는 이것을 단순히 물건을 팔고, 기회를 파는 것이라고 생각하지 않는다. 나의 회사, 그리고 나를 팔러 다니는 것이라고 생각한다. 예를 들어 소개팅을 하는 날, 마음에 드는 상대와 마주 앉았다고 생각해보자. 처음 만나는 상대에게 이런저런 내 자랑을 늘어놓는 것이 과연 좋은 방법일까. 아니면 상대가 나에게 관심을 갖고 호감을 느끼도록 유도하는 것이 더 효과적인 데이트 전략일까. 답을 모르겠다면 아직 프로 직장인이 아니다.

월급쟁이 직장인은 해외 출장길에 회사 브로슈어와 제품 팸플릿을 들고 간다. 그런 영업이나 마케팅은 누구나 할 수 있다. 물론 기본적인 것조차 챙기지 않는 사람들이 부지기수다. 하지만 '어떻게 팔아야 하는가'에 관한 자료까지 준비해서 출장을 가는 사람들이 있다. 내가 본 바에 따르면 그 자료들은 대부분 프로 직장인이나 성공한 CEO의 가방 속에 들어 있었다.

07

결정력

의사 결정 순간에는 0.1초도 미루지 않는다

○

윗사람이 모든 것을 하나하나 챙겨가며 최선의 결정을 내려주는 경우는 없다. 회의 때 "우리는 소통하고 협의해서 결정하자"고 말하지만 정작 결정해주지는 않는다. 윗사람들이 대부분 그랬다면 망하는 회사가 하나도 없었을 것이다.

'심사숙고(深思熟考)', 계약서를 앞에 두고 우리가 항상 듣고 생각하는 말이다. 하지만 심사숙고는 계약서를 보기 전에 이미 끝났어야 한다.

앞에서 돈을 버는 시기는 따로 있고, 그 시기를 포착해서 기회를 만드는 것은 자신의 능력에 달려 있다고 말했다. 그리고 빠르게 움직이는 시장 상황에서, 심사숙고하다가 기회를 날려버리는 경우도 많이 보았다. 상대가 나한테만 제품을 팔러 오는 것이 아니기 때문이다. 그리고 나한테만 제품을 사러 오는 것도 아니다.

그동안의 경험으로 보면 대부분의 사람들이 제품을 팔고 사는 것을 결정해야 하는 순간이 코앞에 닥쳤을 때 급하게 진행하는 경우가 많다. 우리 스스로 생각해보자. 누군가를 찾아가고, 누군가가 찾아올 때 먼 미래를 논의하는 경우는 드물다. 대부분 빨리 처리해야 하는 일이 있을 때 누군가를 찾아가고 찾아온다. 그리고 그것이 기회라고 생각되면 바로 결정해야 한다.

그런데 그 결정을 나의 몫이 아니라고 생각하는 직장인들이 많다. 개인 사업을 하는 사람들은 섣부른 결정으로 자기 몫의 이익을 날리거나, 도리어 손해를 보는 경우도 다반사다. 미리 심사숙고하지 않았기 때문이다. 나는 심사숙고를 위한 준비를 2가지로 정의한다. 하나는 전문성에 대한 준비고, 다른 하나는 책임에 대한 준비다.

전문성에 대한 준비는 사업에 대해 상세한 부분까지 꿰뚫고 여러 가지 경우의 수까지 계산해두는 것이다. 계약하는 자리에서 조건이 변경되거나 새롭게 추가되고 삭제되는 것까지 준비해두어야 한다. 책임에 대한 준비는 나의 결정이 가져올 책임과 리스크에 대한 분석까지 마치는 것이다. 이 2가지를 모두 갖춘 것이 프로 직장인의 결정 능력이다. 준비를 확실히 마친 신속한 결정력 말이다.

내 결정을 남에게 미루지 마라

캄보디아에서 법인을 운영할 때의 일이다. 한국의 중견 농기계 생산업체와 현지의 유명 농기계 수입유통업체와의 미팅을 성사시켜야 했다. 그리고 미팅 당일 나는 한국 업체의 수출팀장을 호텔에서 데려와 현지 업체 영업총괄(Sales Director)과 동석했다. 한국 업체의 수출팀장이 회사 소개를 하자 현지 업체 영업총괄의 질문이 시작됐다. 영국 사람으로 경력도 많고 오랫동안 해외 유수 농기계업체의 캄보디아 총판권을 가지고 있는 영업총괄은 계산이 아주 빨랐다. 질문하는 수준이 다르고 막힘이 없었다. 하지만 한국 업체의 수출팀장의 답변은 뭔가 부족했다. 아니, 그 영업총괄에 비하면 많이 부족해 보였다.

현지 업체에서는 "이런저런 서비스(배송, 부속품, A/S)를 추가하면 판매가격이 어떻게 변하느냐", "이 기계와 저 기계를 몇 대씩 조합해서 사면 가격이 어떻게 변하고 선적 기간은 얼마나 지체되느냐"라는 질문이 이어졌다. 하지만 한국 업체의 수출팀장은 그런 질문에 대한 준비가 거의 돼 있지 않았다. 수출팀장은 불안한 기색으로 "한국에 돌아가서 윗사람과 협의하겠다"는 답변만 반복했다. 나는 '아무 준비도 없이 뭐하러 외국까지 출장을 왔지'라는 생각이 들었다.

설령 자기 제품을 팔러 온 것이 아니고, 그저 현지 업체를 조사하러 왔다 하더라도 이 정도 준비로는 어림도 없다. 하지만 그 수출팀장은 현지 업체의 정확한 사업 규모를 파악하기 위한 질문조차 제대로 하지 못했다. 차장의 직책을 가진 사람이 전문적인 질문도 하지 못하고, 업체가 요구하는 조건에 아무런 결정도 하지 못한다면 누가 결정을 한단 말인가.

담당자는 자신의 업무를 상세하게 파악하고, 경우의 수까지 모두 준비하고 미팅에 임해야 한다. 그리고 미팅 자리에서 어느 정도 결정을 해야 한다. 그래야 다음 기회도 있고 다음 계약도 있다. 담당자가 결정하지 못하면 아무도 결정할 수 없다. 회사로 돌아가면 윗사람이 결정해줄 것이라고 생각하는가. 그건 큰 착각이다. 자기 업무를 가장 잘 아는 사람은 자신밖에 없다. 이것은 결정의 과정에서 기본 중에 기본이다. 그리고 그 결정을 다른 사람이 대신할 수 없는 이유가 또 있다. 바로 모든 결정에는 책임이 수반되기 때문이다.

결정력은 책임과 비례한다

윗사람이 모든 것을 하나하나 챙겨가며 최선의 결정을 내려주는 경우는 없다. 회의 때 "우리는 소통하고 협의해서 결정하자"고 말하지만 정작 결정해주지는 않는다. 윗사람들이 대부분 그랬다면 망하는 회사가 하나도 없었을 것이다. 리더십 교육도 필요 없고, 책임감이란 단어도 존재할 이유가 없다.

직장 생활을 하는 사람들은 이미 다 알고 있다. 담당자들이 모든 것을 결정해야 한다는 사실을 말이다. '팀장, 사업부장, 사장이 결정하겠지'라고 생각하면 큰 오산이다. 이렇게 생각하는 사람들은 아직 신입사원을 벗어나지 못했거나 회사를 다녀보지 않은 것이다.

5년 이상 직장 생활을 했는데도 이런 생각을 하는 사람들은 문제가 있을 가능성이 크다. 회사에서 윗사람이 결정해주기를 원할 때는 "어떻게 하면 될까요?"라고 물어봐서는 안 된다. "1안, 2안, 3안이 있는데, 어떤어떤 이유로 2안이 가장 좋은 것 같습니다. 2안으로 결정할까요?"라고 물어봐야 한다. '예스(Yes)' 혹은 '노(No)'라는 대답이 나올 수 있도록 물어보는 것이다. 윗사람들이 감수할 수 있는 책임이 딱 그 정도이기 때문이다.

담당자들은 자기 업무의 주인으로서 책임 범위와 크기, 그리고 모든 위험 요소들을 사전에 점검해야 한다. 그리고 최종적으로 각 경우의 수마다 윗선의 '예스' 또는 '노'를 물어보고 미팅 자리에 나가야 현장에서 곧바로 결정하고 계약을 체결할 수 있다. 이것이 결정력의 또 다른 준비 과정이다. 하지만 '예스' 또는 '노'조차 결정하지 않으려는 사람들이 우리 주변에 너무나 많다. 그들은 '아무것도 책임지고 싶지 않은 것'이다.

나는 후배들에게 첫 미팅의 중요성을 강조한다. 첫 미팅에서 준비된 모습을 보여주지 못하면 두 번째 미팅은 아예 기회조차 없다. 첫 미팅에서도 준비되지 못한 사람이 다음번에는 준비되어 있을 것이라는 기대조차 하지 않기 때문이다. 그래서 중요한 거래일수록 첫 미팅에는 어느 정도 경력자들을 보내야 한다. 실제로 첫 미팅에서 계약을 성사하는 경우는 많지 않다. 하지만 첫 미팅에서 전문적이고 준비된 모습을 확실히 보여줘야 다음 미팅에서 의견을 좁혀갈 수 있다.

또한 프로 직장인으로서 결정력을 높이려면 옆에서 보고 배우는 방법밖에 없다. 전문성을 아무리 갖춘 사람도 여러 가지 경우의 수를 모두 섭렵할 수는 없다. 그런 경우의 수는 직접 부딪히면서 익혀야 한다. 나 역시 그렇게 했다.

처음 직장 생활을 하는 사람들은 선배들을 따라 미팅 자리에 참석해야 한다. 선배들이 어떻게 협상을 하고 결정하는지 직접 보고 배우는 것이다. '이렇게 하면 되는구나', 또는 '이렇게 하면 안 되겠구나'라고 말이다. 옆에서 보고 배우지 않고 혼자 노력하는 데는 한계가 있다. 이런 경우 결정을 해야 하는 자리에서 실수와 착오가 잦고 머뭇거리게 된다. 그리고 결정의 노하우와 기술을 익히는 데 시간이 오래 걸린다. 많은 회사들이 출장비를 아끼기 위해, 또는 직원이 자리를 비우는 일이 없도록 대부분 출장이나 외근은 한 명만 보낸다. 하지만 혼자서는 제대로 결정력을 키울 수 없다. 책임감 없는 어리석은 결정만 빨리 배울 뿐이다.

08

협상력

3대1 법칙, 얻기 전에 먼저 내줘라

○

최종적으로 협상이 끝났을 때, 이미 진 게임에서 누가 진정한 승자인지 생각해보라. 다시 한 번 말하고 싶다. 대부분의 바이어들은 내 회사 이름도 몰랐고, 내가 누군지도, 내 제품이 있다는 것 자체도 몰랐던 사람들이다.

무역상사에 근무하면서 정말 많은 미팅을 했다. 하지만 판매 또는 구매와 관련한 미팅만 한 것은 아니다. 프로 직장인으로서 일하는 방식은 사업의 전(全) 과정을 파악하고 정립하는 것이다. 평범한 직장인은 자기 일과 관련한 미팅이 1년에 10번이면 충분하지만, 프로 직장인은 똑같은 일로 미팅을 100번 해도 부족하다. 내 업무와 직간접적으로 연관된 업체를 포함하여, 내 사업의 전후(前後) 단계 및 파생되는 다양한 분야까지 확대되기 때문이다. 물론 관련 정부기관도 포함된다. 미팅 테이블에는 그런 업체들을 대표하는 담당자가 참석한다. 잊지 말아야 할 점은 내가 만나는 것이 회사가 아니라 사람이라는 것이다.

사람들을 만나 내가 원하는 것을 얻는 것, 프로 직장인이 반드시 갖추어야 할 또 하나의 능력이 바로 협상력이다. 나는

13년간 수많은 미팅을 통해 얻은 협상 기술과 노하우에 센스라는 양념을 더해 '협상 매뉴얼 101'을 만들었다. 그리고 미팅 중에 상대가 잘하고 잘못한 것, 내가 실수하고 놓친 것을 바탕으로 '바이어 상담 시 주의 사항 및 사례집'이라는 매뉴얼을 만들었다. 나는 이 두 매뉴얼을 지속적으로 보면서 되새긴다. 하지만 지금은 예전만큼 업데이트를 자주 하지 않는다. 이것이 무엇을 의미하겠는가. 협상에서 내가 원하는 것을 얻는 경우가 많다는 뜻이다.

'기브 앤드 테이크 3대1 법칙'은 내가 만든 것이다. 내가 원하는 것 1개를 상대에게 얻기 위해, 처음에 3개를 상대에게 줘야 한다는 뜻이다. 시중에 나와 있는 협상 관련 책에도 이런 내용이 있는지는 모르겠다. 내가 매뉴얼로 정리한 협상 방법과 주의 사항을 이 책에서 모두 다 소개할 수는 없다. 하지만 '기브 앤드 테이크 3대1 법칙'을 강조하고 싶은 이유가 있다. 이 원칙이 협상의 시작, 즉 협상의 기본이기 때문이다.

싱가포르에서 온 이메일

2016년 나는 싱가포르 유명 회계법인에서 근무하는 한국인에게 이메일 한 통을 받았다. 캄보디아에 진출한 유럽과 아시아 기업들을 조사하기 위해 2박 3일간 출장을 올 예정인데 미팅할 수 있겠냐는 내용이었다. 나는 만날 생각을 하고 있었는데, 이메일을 받은 그날 확인 전화까지 왔다. 그렇게 해서 미팅을 확정했다. 나는 그 미팅에서 꼭 물어보고 싶은 것이 있었다. 미팅 당일 직접 만나보니 젊은 회계사였다. 싱가포르에서도 실력을 인정받고 있는 것이 틀림없었다. 간단한 미팅을 끝내고 나는 정말로 궁금한 것을 물어봤다.

"회계사님, 2박 3일 일정 중에 저 말고 다른 미팅이 몇 개 더 있습니까?"

그는 다른 미팅이 없다고 말했다. 그래서 그는 나와의 미팅이 끝난 후 다른 일본 기업을 직접 찾아갈 예정이라고 했다. 내가 왜 그것을 물어보았을까? 그 한국인 파트너 회계사의 미팅 요청에 과연 어떤 사장이 승낙했는지 궁금했기 때문이다. 역시 아무도 하지 않았다. 성공한 CEO들은 매일같이 할 일이 많다. 그리고 아무리 바빠도 필요한 미팅은 반드시 한다. 하지만 이 경우는 다르다. 아무리 큰 회계법인이라도 내 회사를 조사하러 오겠다는데 허락할 협상 고수들은 없다. 미팅을 해서 얻을 것이 있을 수도 있다. 하지만 성공한 CEO 입장에서는 그런 이메일을 보내는 사람에게 얻어낼 것이 없다. 그들은 지금 하는 일에 자기 시간을 투자하는 것이 더 효용 있다고 판단했을 것이다. 나도 그랬다.

먼저 찾아가면 이미 진 것이다

누군가 나를 만나고 싶다고 연락하고 찾아오는 것은 무슨 뜻이겠는가. 나한테 물어보고 싶은 것이 있거나, 팔고 싶은 것이 있거나, 사고 싶은 것이 있다는 뜻이다. 또한 비록 처음 만나는 자리지만 부탁할 것이 있는 경우도 많다. 반대로 내가 어떤 회사의 누군가를 찾아가서 만나려고 하는 이유도 마찬가지다.

그렇다. 내가 찾아가야 하는 미팅들이 절대적으로 많다. TV 드라마에서는 도전적으로 일하며 계약을 성사하는 상사맨들이 멋진 모습으로 그려지기도 한다. 하지만 실체는 많이 다르다. 무역회사는 양쪽 모두에 '을'의 입장인 경우가 대부분이다. 어느 직업이든 '을'의 자리는 쉽지 않다. '갑'의 입장에서도 도전적으로 일하기 힘든데, '을'의 입장에서 도전적으로 일해서 실적까지 내려니 얼마나 어렵겠는가.

협상을 게임에 비유해보자. 내가 누군가를 먼저 찾아간다는 것은 게임에서 이미 진 것이나 다름없다. 이미 진 게임에 나가서 이기는 것, 이것이 먼저 찾아가서 미팅을 하는 사람의 숙명이자 능력이다. 그렇다면 왜 이미 진 게임인 것일까. 답은 간단하다. 상대는 내 회사의 존재조차 모르고, 내가 누군지도 모르기 때문이다. 나와 거래를 하든 하지 않든 그 회사가 굴러가는 데는 아무 문제 없다. 나에게 팔지 않고 사지 않아도 상관없다는 것이다. 이런 상황에서 '기브 앤드 테이크 1대1'이 통하겠는가. 내가 원하는 것을 얻으려면 당연히 내가 더 많이 줘야 한다. 13년간 무역상사에서 협상을 해보니 내가 3개는 줘야 상대방에게 1개를 얻을 수 있었다. 그래서 '3대1 법칙'이라고 하는 것이다.

여기서 꼭 알아야 할 것이 있다. '3대1 법칙'이라고 해서 내 제품을 3개 주고, 1개 값을 받는 밑지는 장사를 하란 뜻이 아니다. 내가 주는 것은 사업에 대한 지식과 경험 그리고 아이디어와 상대에 대한 배려다. 그래야만 상대가 귀를 열어 내 이야기를 들어준다. 그다음에 눈을 돌려 나를 보고 말을 하는 것이다. 그리고 마음을 연다. 마음이 열려야 마침내 내 제품을 본다. 이때다. 이제부터 협상력을 발휘하여 내가 사든지 팔든지, 아니면 원하는 것을 얻어내는 작업을 하는 것이다.

최종적으로 협상이 끝났을 때, 이미 진 게임에서 누가 진정한 승자인지 생각해보라. 다시 한 번 말하고 싶다. 대부분의 바이어들은 내 회사 이름도 몰랐고, 내가 누군지도, 내 제품이 있다는 것 자체도 몰랐던 사람들이다.

프로 직장인이 협상력을 키우는 방법은 많을 것이다. 하지만 협상을 시작하는 데는 단 하나의 원칙밖에 없다. 바로 역지사지(易地思之)다. 즉 상대방의 입장에서 생각하는 것이다. 얻고자 찾아가면 얻지 못할 것이고, 주고자 찾아가면 얻을 것이다. 그리고 협상을 하는 만큼 주고받는 방법들이 늘어간다. 이 협상의 원칙과 방법들이 결합되어 협상력이 만들어지는 것이다.

매번 협상에서 성공할 수는 없다. 실패가 예상되는 협상은 아예 시작조차 하지 않는다면 모르겠지만 말이다. 그리고 내가 가진 협상 방법 10가지를 한 번에 펼쳐도 내가 원하는 것을 얻지 못할 수 있다. 반면 상대가 가진 단 하나의 협상 방법에 내가 무너지기도 한다. 협상이란 이런 것이다. 그래서 협상 전문가가 되기까지 많은 시간이 필요하다. 실전 경험과 노하우가 무엇보다 중요하기 때문이다. 나보다 뛰어난 협상의 고수는 한 번의 미팅에서 딱 한 번의 가르침을 준다. 협상 실패라는 이름으로 말이다.

09

합리적 사고
100원을 쓰고 1,000원을 버는 법이 있다

○

싸구려 기계로 저가 품질의 제품을 생산하면서 비싼 값을 받지 못한다고 투덜대는 사람들, 싼 임금에 직원을 채용하고 전문가처럼 일 못한다고 불평하는 사람들. 이것이 도둑 심보와 무엇이 다르단 말인가. 한마디로 합리적이지 못한 것이다. 프로 직장인에게 필요한 또 다른 능력은 바로 합리적인 사고다.

○

안타까운 일은 합리적인 사고를 가지고 있지 않은 사람은 진정한 자신의 가치가 무엇인지조차 모른다는 것이다. 그래서 보통은 남이 그 가치를 평가해준다. 대부분 자기 일은 합리적으로 하지 못해도 남의 일은 합리적인 시각으로 보기 때문이다.

캄보디아 프놈펜 공항에서 비행기 탑승을 기다리고 있을 때였다. 한 무리의 젊은이들이 똑같은 옷에 각기 명찰을 달고 탑승 게이트 앞에 줄을 서 있었다. 그들은 한국으로 출발하는 캄보디아 산업연수생들이었다. 그 모습을 보니 예전 대사관 직원에게 연수생들의 급여가 얼마나 되는지 물어본 기억이 났다. 그는 숙식 제공에 월 150만 원이라고 했다.

배치받는 회사마다 다르지만 보통 그 정도라는 것이었다. 얼마나 받는지를 듣고 나니 예전 TV 코미디 프로그램유행어 '사장님, 나빠요'가 생각났다. 그런데 나는 그 나쁜 사장님들 입장이 어느 정도 이해된다.

캄보디아에서 수출 판매를 하다 보니 한국 업체들을 만날 기회가 많지 않았다. 그래도 간접적으로 관련 있는 회사들과 종종 만남을 이어갔다. 그 만남에서 술안주처럼 빠지지 않는 것이 현지 직원들 이야기다. '누구는 일 처리가 느리다', '누구는 아예 생각이 없어'부터 시작해서 더 심한 말로 직원들에 대한 불평 불만을 터뜨린다.

그때마다 나는 꼭 이렇게 묻는다. "그 직원 급여가 얼마입니까?" 월 미화 600달러(한화 약 60만 원) 이상이라고 대답하는 사람은 거의 없었다. 나는 그들에게 말해주고 싶었다. "세상은 공평한 겁니다. 한국이든 캄보디아든 미국이든 마찬가지입니다. 어디든 월급 60만 원 받는 직원은 딱 60만 원어치만 일하고 생각합니다. 300만 원 수준의 직원을 원하시면, 그 직원에게 300만 원을 주든가 아니면 아예 300만 원짜리 직원을 뽑으세요."

사회생활을 하면서 이런 사람들을 많이 봤다. 싸구려 기계로 저가 품질의 제품을 생산하면서 비싼 값을 받지 못한다고 투덜대는 사람들, 싼 임금에 직원을 채용하고 전문가처럼 일 못한다고 불평하는 사람들. 이것이 도둑 심보와 무엇이 다르단 말인가. 한마디로 합리적이지 못한 것이다. 프로 직장인에게 필요한 또 다른 능력은 바로 합리적인 사고다.

사업에서의 합리적인 사고력

그동안의 경험을 통해 나는 사업에서의 합리성을 2가지로 구분한다. 하드웨어적인 합리성과 소프트웨어적인 합리성이다. 하드웨어적 합리성이 생산의 본체와 주변 장치, 즉 제품과 서비스를 둘러싸고 있는 물리적인 지원에 관한 것이라면, 소프트웨어적 합리성은 사람 관리와 조직 관리에 필요한 인적 자원에 관한 것이다.

하드웨어적 합리성을 갖추기는 어렵지 않다. 좋은 기계로 바꾸고, 최신 시설로 개선하면 된다. 그것도 아니면 남의 것을 그대로 모방해서라도 물리적 한계를 고치면 된다. 물질적 투자로 합리적인 이익을 얻으면 된다는 것이다.

하지만 소프트웨어적 합리성은 직접 경험하고 깨달아서 일정 수준에 도달해야만 확보할 수 있다. 그래서 어렵고, 프로 직장인에게는 꼭 필요한 능력이다. 내가 먼저 합리적인 사람이 돼야 다른 것들을 합리적으로 볼 수 있기 때문이다. 그래야 최대한의 성과를 내는 방향으로 조직원들을 선발하고 그들을 합리적으로 대하며 설득할 수 있다. 그리고 합리적인 사고의 힘을 가진 사람만이 회사를 위해 힘든 판단과 결정을 할 수 있다. 그렇지 않으면 진짜 '나쁜 사장님'이 될 뿐이다.

'무엇이 더 필요하냐?'고 묻는다

해외법인에서 직원들에게 회사 비용을 아끼라고 한 적은 없다. 불필요한 지출은 당연히 없어야 하는 것이고, 무엇보다 포장비, 물류비, 가공비 등 비용 1달러를 줄이기 위해 며칠씩 직원들을 고생시키고 싶지 않았다. 이미 충분히 절감된 비용이었기에 '마른 수건 짜라'는 식으로 잔소리를 할 수도 없는 일이었다. 그보다는 이익을 낼 수 있는 방법을 스스로 생각하게 하는 것이 더 합리적이라고 생각했다. 그래서 나는 항상 직원들에게 물었다.

"무엇이 더 필요한가?"

이 질문에는 회사의 성장을 위해 노력하는 직원들에게 지원을 약속하는 것 외에 또 다른 의미가 있다. 이 질문은 '일'을 주는 것이 아니라, 일할 권한을 주는 것이다. 일할 권한을 주면 그 사람의 실력(업무 실행력)이 아니라 능력(업무 수행력)을 볼 수 있다. 단순히 일을 주었을 때는 그 직원이 '잘하는구나' 또는 '못하는구나'를 알 수 있다. 100원짜리 직원을 뽑아서, 정말로 100원을 버는지 확인할 수 있다는 것이다. 하지만 일할 권한을 주면 '할 수 있구나' 또는 '할 수 없구나'를 알 수 있다. 100원짜리 직원을 뽑아서, 1,000원을 벌 수 있다는 것을 깨닫게 되는 것이다.

여기에는 단순히 회사에 이익을 가져다주는 것을 넘어서서 더 크고 중요한 의미가 있다. 왜냐하면 잘하거나 못하는 것은 현재형인 반면, 할 수 있거나 없는 것은 미래형이기 때문이다. 회사는 멈춰 있으면 안 된다. 지속적으로 앞으로 나아가야 한다. 회사가 멈추면 유지되는 것이 아니라 뒤처지다가 없어지기 때문이다.

사업은 '할 수 있는 직원'과 같이해야 한다. 이런 직원들이 1,000만 원을 써서 1억 원을 벌어오는 것이다. 이런 직원을 월급 1,000만 원을 주고라도 데려오는 것이 합리적인 결정이다. 100만 원짜리 직원을 10명 뽑았을 때 이들이 합해서 얼마만큼 벌 수 있을지 생각해보면, 어느 쪽이 합리적인지 알 수 있을 것이다.

1등 말 1마리와 2등 말 4마리

해외법인에서 있었던 일이다. 직원 한 명이 회사를 그만두겠다고 했다. 법인에서 가장 유능하고 법인 설립 때부터 함께한 직원이었다. 나는 고민에 빠졌다. 자세한 사정을 들어보니 다른 팀장급 직원 4명이 이 직원을 은근히 따돌려서 힘들었다고 한다. 업무 자체에 대한 불만이나 다른 개인적인 애로 사항은 없다고 했다.

이것이 더 큰일이었다. 업무가 아니라 관계의 문제는 더 풀기 힘들기 때문이다. 그래서인지 이 직원의 퇴사 의지가 확고했다. 급여를 인상해주겠다고 제안해도, 다른 4명이 개선할 것을 약속하겠다고 해도 그의 마음은 돌아서지 않았다. 나는 서로 3일간 생각할 시간을 갖자고 했다. 그 친구보다 내가 생각할 시간이 필요했다. 그렇게 3일이 흘렀다. 그리고 내가 생각하기에도 파격적이고 가장 합리적인 결정을 했다. 다른 4명의 팀장급 직원들을 모두 내보내기로 한 것이다.

팀장급 4명을 한꺼번에 해고하면 힘들 것이 뻔했다. 나도 왜 똑같이 월급을 받으면서 이런 고초를 겪어야 하는지 망설이기도 했다. 하지만 이것이 프로 직장인의 태도다. 회사는 앞으로 가야 하고, 그러기 위해서는 인재가 필요하다. 비록 내가 힘들기는 해도 팀장급 4명은 대체 가능한 인력이다. 이미 시스템이 갖춰져 있고 법인장인 내가 가르치면서 다시 조직을 정비할 수 있다. 하지만 그 유능한 직원은 대체 불가능한 인력이다. 다른 4명은 그저 '잘하는' 직원들이었지만, 그는 '할 수 있는' 직원이었다. 그런 직원은 어느 나라 어떤 회사를 가든 찾기가 쉽지 않다.

그래서 나는 다른 직원 4명을 내보내는 것이 가장 합리적인 판단이라 생각하고 힘든 결정을 내렸다. 말 4마리가 2등으로 나란히 열심히 달려도, 1등을 달리는 말과 같은 좋은 기록을 낼 수는 없다. 하지만 다행히 아무도 회사를 나가는 불상사는 없었다. 고맙게도 그 1등 말이 스스로 뭉친 응어리를 풀었기 때문이다. 그는 나의 힘든 결정 덕분에 그 응어리를 풀 수 있었다고 했다.

본인의 가치 파악하기

지금 회사에서 본인이 정당하게 인정받지 못한다고 고민하는가? 사업을 하고 있다면, 내 제품이나 서비스가 충분한 값어치로 팔리지 않아 화가 나는가? 하지만 스스로 생각해보라. 내가 원가 100원에 합리적인 가치를 더해 1,000원을 벌려고 하는 것인지, 아니면 한 푼도 쓰지 않으면서 1만 원을 벌려고 하는 것인지 말이다.

안타까운 일은 합리적인 사고를 하지 않는 사람은 진정한 자신의 가치가 무엇인지조차 모른다는 것이다. 그래서 보통은 남이 그 가치를 평가해준다. 대부분 자기 일은 합리적으로 보지 못해도 남의 일은 합리적인 시각으로 보기 때문이다. 그렇기에 누구는 인정받고 누구는 그렇지 않은 것이며, 어떤 물건은 잘 팔리고 어떤 물건은 그렇지 않은 것이다. 합리적 사고력이 중요한 이유가 바로 여기에 있다.

10

초긍정

‘반드시 된다’는 생각으로 임한다

○

긍정적인 사람들은 그 공간에서 현실적이고 합리적으로 실현 가능한 것들을 그려낸다. 불가능한 것은 긍정적으로 생각하는 것 자체가 무의미하다. 그들은 이미 경험으로 그것을 알고 있다. ‘무조건 잘될 거야’, ‘잘되겠지’ 하는 마인드를 가진 사람은 긍정적인 사람이 아니다. 그런 사람들은 긍정적인 사고를 포기한 사람들이다.

회사 업무 중에 가장 쉬운 일이 무엇일까? 바로 반대하고 비판하는 일이다. 오랜 직장 생활을 통해 나는 이 두 단어가 얼마나 무서운 것인지 뼈저리게 느꼈다. 왜냐하면 세상에 어떤 전문가도 반대와 비판의 무서운 논리를 이겨낼 수 없기 때문이다. 예를 들어 당신이 10가지 계획안을 준비해서 회사에 보고하고 있다고 하자. 이런 경우 반대는 똑같이 10가지가 나오지만, 비판은 몇 배가 나온다. '난 하겠다'고 하는데 '넌 못 한다'고 하고, '이게 맞다'고 하는데 '그건 아니다'라고 하면 그만이다.

하지만 더 큰 문제는 따로 있다. 회사에는 이 반대와 비판을 실력으로 알고 있는 사람들이 많다는 것이다. 이 반대와 비판의 실력자들, 즉 부정적인 사람들이 많은 회사는 위험하다. 그 위험이 가시화되기 전에 하루속히 이런 사람들을 회사에서 내보내야 한다. 그러지 않으면 회사에 필요한 사람들이 회사를 떠난다. 바로 긍정적인 사고를 하는 사람들 말이다.

법인카드로 구별되는 부정적인 사람과 긍정적인 사람

반대와 비판의 달인들은 어떤 공통점을 가지고 있을까? 이런 부정적인 사람들은 자기 자신에게 관대하다는 것이다. 회사는 직원들 중에 누가 그런 부정적인 사람들인지 구별해 내야 한다. 그래야 내보낼 수 있으니 말이다.

여러 가지 구별 방법이 있겠지만, 내가 생각하는 한 가지는 바로 법인카드다. 부정적인 사람들은 법인카드를 개인적으로 사용하는 빈도가 높다. 자기 옷을 산다거나 자식들 선물을 산다는 뜻이 아니다. 이런 사람들은 겁이 많아서 그렇게 하지도 못한다. 내가 말하는 개인적 사용은 같은 회사 직원들하고만 쓴다는 것이다. 사업하는 데 필요한 일을 하라고 준 법인카드를 회사 내에서만 쓴다는 것은 개인적으로 쓰는 것과 같다.

13년간의 메모 노트에는 '법인카드'와 관련된 내용도 꽤 있다. 남의 치부를 적어놓은 것 같아 언급하기는 그렇지만, 한 가지 말하고 싶은 점은 비록 큰돈이 아니더라도 지갑도 실력임을 사회생활을 하는 사람들은 알아야 한다는 것이다. 그리고 내가 말한 법인카드의 개인적 사용에 대한 생각들도 적혀 있다. 부정적인 사람들이 회사 내에서 법인카드를 쓰는 이유가 있다. 그들은 내심 자기가 가장 잘났다고 생각하기 때문이다. 이런 마인드를 가지고 있으니 외부에 나가 사업 관련 업체나 기관, 전문가들을 만날 필요가 없는 것이다. 자신이 가장 잘났는데 밖에 나가서 누구한테 물어보고 배우겠는가. 그래서 법인카드를 회사 말고 다른 곳에서 쓸 일이 없다.

법인카드를 개인적으로 사용하는 사람들이라고 해서 모두 부정적인 성향을 가진 것은 아니다. 하지만 부정적인 사람들은 반드시 법인카드를 개인적으로 쓴다. 그래서 법인카드 사용 내역을 조사해보면 부정적인 사람들도 구별할 수 있지만, 때때로 부정적이지는 않지만 일할 생각이 없는'사람들까지도 판별할 수 있다.

프로 직장인들은 부정적인 사람들을 멀리한다. 그들은 일에 대한 반대와 비판은 물론, 일과 사람에 대한 불만이 많고 불평이 잦기 때문이다. 프로 직장인은 최소한 그들에게 물들지는 않겠지만, 그들과 있으면 불필요한 감정 소비를 하는 것은 피할 수가 없다.

초긍정, '반드시 된다'

부정적인 사람들이 회사에 있으면 안 되는 특별한 이유가 있다. 사내 인간관계나 분위기를 해치는 것은 물론이다. 하지만 가장 큰 이유는 이런 사람들이 리더라면 아예 사업이 진행되지 않는다. 시작조차 할 수 없기 때문이다. 그들의 마음에는 다른 사람들의 생각이 들어갈 한 치의 여유조차 없다. 본인들의 판단으로 채워져 있기 때문이다. 상대방의 의견이나 계획을 받아들이고 최소한 중립적인 시각에서 평가할 준비가 되어 있지 않다는 것이다. 그렇기 때문에 긍정적인 사람이 회사에 필요하다.

긍정적인 사고를 갖는 것은 내 마음에 공간을 만드는 것이다. 이 공간이 있어야 상대의 목소리가 들린다. 그리고 함께 문제를 해결할 방안을 찾을 수 있고, 미래에 대응할 계획을 세울 수 있다. 부정적인 사람들은 그 공간에 여유가 전혀 없기 때문에 그것을 할 수 없다. 또한 긍정적인 사람들은 그 공간에서 현실적이고 합리적으로 실현 가능한 것들을 그려낸다. 불가능한 것은 긍정적으로 생각하는 것 자체가 무의미하다. 그들은 이미 경험으로 그것을 알고 있다. '무조건 잘될 거야', '잘되겠지' 하는 마인드를 가진 사람은 긍정적인 사람이 아니다. 그런 사람들은 긍정적인 사고를 포기한 사람들이다.

13년간의 메모 노트에는 '해외사업'에 대한 정의가 적혀 있다. 이건 학술적인 내용도 아니고 세부적인 설명도 아니다. 그것은 당시 내 마음의 소리였다. '해외사업이란 국내에서 그 사업에 관하여 가장 뛰어난 전문가가 해외에서도 반드시 된다는 생각을 갖고 최선을 다해 노력해도 될까 말까 한 것'이라고 나는 적었다. 긍정적인 생각으로 '할 수 있다'는 정도가 아니라는 뜻이다. 그보다는 초긍정적인 마인드로 '반드시 된다'는 생각으로 임해야 한다는 다짐이다. 이 초긍정적인 마인드가 바로 프로 직장인의 능력 중 하나다. 그동안 사회생활을 하면서 내가 내린 결론이다. 초긍정적 마인드는 개인에 따라 조금씩 다른 성격이나 자질이 아니다. 이 자체가 능력이다.

2장에서는 디테일하게 일하는 것, 체계를 갖추는 능력, 영업력, 그리고 협상력 또는 결정력에 대해 설명했다. 그리고 앞으로 소개할 '완벽한 직장인이 일하는 방식'을 통해 완성도를 높일 수 있다. 하지만 내 일에 대한 초긍정적 마인드는 앞에서 언급한 열정 능력, 그리고 예의나 정도에 대한 신념과 더불어 프로 직장인이 일하는 방식을 터득하기 전에 갖추어야 하거나 동시에 얻어지는 능력이다. 솔직히 어떻게 프로 직장인처럼 일하기 전에 초긍정적 마인드를 발전시킬 수 있는지 모르겠다. 그래서 기업을 강하게 만드는 프로 직장인들이 전체의 1퍼센트도 되지 않는지도 모르겠다. 인재라고 불리는 사람들 말이다.

이 정도는 해야 완벽한
직장인이라 할 수 있다

유리한 고지를 차지하는 법

'기브 앤드 테이크 3대1 법칙'에서 나는 협상의 시작과 기본에 대해 설명했다. 그러나 직장 생활을 하면서 경험한 모든 미팅에서 어떤 식으로든, 어떤 목적에 부합하는 결정을 끌어내야 하는 협상만 했던 것은 아니다. 나는 회사에 근무하는 동안 내 업무와 직간접적으로 연관된 업체 사람들과 다양한 목적으로 많은 미팅을 했다. 단순히 물건을 팔거나 사기 위한 만남뿐이었던 것이 아니라는 뜻이다.

그래서 '협상 매뉴얼 101'의 내용보다 내가 직접 진행한 미팅에서 겪은 에피소드들을 소개하고 싶었다. 특히 내가 실수를 했는지조차 모르다가 나중에야 깨닫고 후회한 것들, 모든 것이 끝나고 나서야 놓친 것이 무엇인지 알아채고 '다시는 이러지 말아야지' 하고 다짐했던 것들, 그런 것들을 정리하여 만든 자료가 '바이어 상담 시 주의 사항 및 사례집'이다.

이 중 주의 사항 몇 가지를 설명하고자 한다. 미팅에서 범하기 쉬운 실수와 그것을 피하기 위한 준비에 관한 내용이다. 주의 사항을 그저 나열하는 것보다 '왜 이렇게 해야 하는지' 독자들에게 참고가 될 만한 4가지를 적어보았다.

미팅은 협상의 자리다,
상세한 필기는 한 사람만 한다

독일 출장을 갔을 때의 일이다. 미팅 자리에는 우리 회사의 부장, 차장 등 총 5명과 독일 업체의 부사장을 포함한 4명이 앉았다. 그 미팅에서 직접적인 당사자가 아니었던 나는 양쪽 모두를 지켜봤다.

약 10분 정도 흘렀을까. 나는 빨리 펜을 내려놓고, 독일 업체 사람들의 시선을 받아주어야 했다. 왜냐하면 우리 회사 측 전원이 상대편의 말을 노트에 적기만 하고 있었기 때문이다. 그 상황을 지켜본 독일 업체 사람들은 자기들끼리 서로 얼굴을 쳐다보며 어이없다는 표정을 지었다.

미팅이란 상대방과 눈을 마주치고, 대화하며, 서로 공감대를 형성해나가는 것으로 시작된다. 하지만 그때의 상황은 협상을 하러 온 것이 아니라 흡사 취조를 하는 분위기 같기도 했고, 수업 시간에 선생님 말씀을 받아 적는 것 같은 분위기이기도 했다. 독일 업체의 반응은 당연한 것이다. 서양 문화가 우리와 달라서 그런 것이 아니다.

여러 명이 미팅에 참석할 때는 사전에 각자의 역할을 정해놓는 것이 좋다. 또한 참석자 모두 필기할 것을 준비하되, 상세하게 적는 사람은 한 명이면 충분하다. 그 한 명을 고르는 것보다 리드할 사람을 먼저 정하는 것이 더 중요하다.

상대방의 신체적 특징이나 습관을 보지 않도록 의식적으로 노력하라

우선 이 부분을 설명할 때 진심으로 오해가 없기를 바란다. 나는 미팅의 횟수만큼이나 다양한 신체적 특징이나 습관을 가진 사람들을 많이 만나봤다.

얼굴에 큰 점이나 흉터가 있는 사람도 있었고, 손이나 팔이 불편한 사람, 선천적이거나 후천적으로 한눈에 알아볼 만한 신체적 특징을 가진 사람들도 있었다.

또한 특별한 습관을 가진 사람들도 많았다. 예를 들어 눈을 너무 자주 깜박이거나, 말할 때마다 코를 킁킁거리는 사람들처럼 말이다. 하지만 이런 특징과 습관을 의식적으로라도 보지 말아야 한다. 자꾸만 눈이 가고 신경이 쓰여도 보지 않으려고 노력해야 한다. 하지만 그런 실례를 범하는 사람들이 의외로 많았다. 이것은 사회생활뿐만 아니라 일상생활에서도 지켜야 하는 예의이자 배려다. 자신의 신체적 특징과 고질적인 습관을 의식하지 않다가도 남이 계속 쳐다보면 의식하게 마련이다. 상대가 당신의 시선을 눈치챈다는 것이다.

협상은 나만 정신을 똑바로 차리고 긴장한다고 해서 되는 것이 아니다. 상대방도 그 협상에 집중해야 내가 원하는 결과를 얻을 수 있다.

하지만 상대방의 신체적 특징을 뚫어지게 쳐다보거나, 특별한 습관에 신경을 쓴다면 상대방의 집중력이 분산된다. 이렇게 되면 협상의 진행이 느려진다. 상대를 협상에 몰입하게 하는 것도 당신의 몫이란 것을 잊어서는 안 된다.

미팅 전에 질문지를 꼭 만들어라, 미팅은 1시간 내에 끝내야 한다

특히 처음 만나는 업체와의 상담이 아주 중요하다. 내가 질문을 통해 얻어내야 하는 정보가 많은 데다 주어진 시간도 짧기 때문이다. 내 경험상 보통 1시간이 넘어가면 양쪽 다 집중력이 흐트러지고 몸에서도 반응이 온다. 최대 1시간 30분이 상대방을 미팅 테이블에 잡아놓는 한계치라고 봐야 한다. 그리고 처음 만나는 사람에게 1시간 이상을 할애하는 경우도 드물다.

따라서 짧은 시간에 필요한 정보를 효율적으로 끌어내려면 사전에 질문지를 반드시 만들어야 한다. 하지만 주의할 것이 하나 있다. 준비한 질문지의 순서대로 하나하나 물어봐서는 안 된다. 자칫 상대방에게 취조하는 느낌을 줄 수 있기 때문이다. 그러면 상대방은 마음을 닫게 되고, 내 머릿속은 더 복잡해진다. 미팅의 흐름은 예상과 다르게 흘러가는데, 묻고 싶은 질문만 머릿속에 가득하니 골치가 아플 수밖에 없는 것이다. 미팅을 자연스럽게 진행하면서 준비한 것들을 모두 물어봐야 한다. 물론 어려운 일이다. 그러므로 협상력을 쌓는 데는 다양한 경험이 필요하고 시간이 걸리는 것이다.

질문지를 만들면 또 하나의 장점이 있다. 상대방이 옆길로 빠지지 않게 잡아둘 수 있다는 것이다. 내가 옆길로 빠지는 것만이 문제가 아니다. 나만 신나서 떠들다가 협상이 끝나버리는 것만 문제가 아니다. 상대방 혼자 신나서 떠들다가 끝나는 경우도 부지기수다. 그리고 의도적으로 그러는 경우도 있다. 질문지는 그런 상대를 다시 협상 테이블로 불러들이는 역할을 한다.

요구하지도 않았는데 발가벗지 마라, 약점을 스스로 드러낼 필요는 없다

예를 들어 내가 물건을 훔치지도 않았는데 누군가 나를 의심한다면 나는 그저 "훔치지 않았습니다"라고 이야기하면 된다. 괜히 누가 시키지도 않았는데 옷을 다 벗고 결백을 증명할 필요는 없다. 비즈니스 미팅이나 협상에서 '발가벗는다'는 말은, 내가 가진 모든 카드를 상대방에게 보여준다는 뜻이다. 이것은 진솔한 태도가 아니라 멍청한 짓이다.

하지만 이런 사람들이 너무 많다. "저희는 그쪽 방면에 전문성이 아예 없습니다", "저희 공장에서는 그런 조치가 불가능합니다" 이렇게 이야기하는 사람들 말이다. 언제까지 아는 것만 하고, 가능한 것만 할 것인가.

이런 대답은 협상의 여지를 남기지 않는다. 다음 기회조차 없다는 것이다. 하지만 어찌 보면 협상이 이렇게 끝나서 다행인 경우도 있다. 왜냐하면 이런 대답은 상대방에게 내 약점을 드러내는 것과 같기 때문이다. 즉 협상이 끝나는 것이 아니라, 상대에게 힘을 실어주는 협상으로 마무리되는 결과를 초래할 수도 있다는 것이다. 속된 말로 차라리 협상이 파투가 났으면 돈을 못 버는 것으로 끝나는데, 결국에는 손해를 보는 협상으로 결론이 난다는 말이다.

다양한 목적으로 진행되는 수많은 미팅에서 매번 원하는 것을 얻을 수는 없다. 그래서 프로 직장인으로서 필요한 능력을 키우기 위해 꾸준한 시도를 하고 남들과 차별화된 경험을 찾아다니는 것이다.

사회 초년생으로 협상력이 아직 성숙하지 못한 것은괜찮다. 상대도 충분히 이해할 것이다. 왜냐하면 미팅에서 협상을 할 만한 수준이 아니라는 것을 알게 되더라도 당신이 결정 권한이 없다는 것을 알기에 크게 개의치 않는다.

그러나 어느 정도 경력을 가진 직장인이나 사업가가 협상 능력이 부족하다면 이야기가 달라진다. 상대가 반드시 그 상황을 이용하려 들 것이기 때문이다. 특히 중요한 계약을 체결하는 협상 자리라면, 반드시 당신을 호구로 만들 구실을 찾을 것이다. 다음 장에서 설명하겠지만, 자신이 하는 사업을 체계적으로 속속들이 알지 못해서 상대에게 호구를 잡히는 것과 마찬가지로 말이다.

3장

남들보다 더 많이, 더 오래, 더 힘들게 일하지 않기

완벽한 직장인이 일하는 방식

01

모든 업무는 나만의 룰대로 하라

○

나는 어깨너머로 배우면 그 어깨 높이까지밖에 배우지 못한다고 생각한다. 더 뛰어나려면 체계적으로 배워야 한다.

○

사업 기회가 많아진다. 법을 통해 이익을 낼 수 있는 공간이 더 많아진다는 것이다. 쉽게 이해되지 않을 수 있다. 이것은 법을 통해 돈을 벌 기회를 만들어본 사람들만 알 것이다. 왜냐하면 법을 알지 못해 일의 체계를 모르는데, 그 법의 체계들 사이에 숨어 있는 돈의 공간이 보일 리 없지 않은가.

어깨너머로 배운다는 말이 있다. 하지만 나는 어깨너머로 배우면 그 어깨 높이까지밖에 배우지 못한다고 생각한다. 더 뛰어나려면 체계적으로 배워야 한다. 그래서 나는 어깨너머로 배운다는 말을 좋아하지 않는다. 물론 직장 선배들의 경험을 존중한다. 어찌 되었든 나도 그들이 노력해서 만든 자리에서 일을 하고 있기 때문이다. 하지만 나는 일을 체계적으로 배우고 싶었다. 그렇게 해서 정식으로 일을 하고 싶었다.

불행하게도 신입사원을 업무 전문가로 만들어주는 체계적인 프로그램을 갖춘 회사가 드물다. 대부분의 회사가 본인 스스로 알아서 배워야 한다. 그렇다. 프로 직장인이 일하는 방식 첫 번째는 내 업무의 체계를 잡는 것, 즉 일을 법대로 하는 것이다.

법으로 체계를 갖춘다

나는 입사 2년차에 고민에 빠졌다. 선배들에게 일도 배우고 뭔가를 계속하기는 하는데, 사업의 전체적인 흐름이 머릿속에 명확하게 그려지지 않았다. 그리고 '이렇게 하는 것이 맞는가' 하는 생각이 들었다.

생각에 생각이 뻗치다 보니 모든 것이 궁금했다. 왜 수입 서류는 5개지? 20개도 될 수 있지 않나? 거래처 가공 공장 시설은 깨끗하긴 한데 이게 좋은 시설인가? 그렇다면 좋은 기준은 뭐지? 이런 생각까지 했다. 끝내는 법제처 홈페이지에 들어가 보았다. 그리고 나는 진심으로 놀랐다. 내가 찾는 대부분의 답이 거기에 있었기 때문이다.

모든 일에는 절차가 있고 방법이 있다. 그리고 그 일들이 모여 사업이 된다. 그 사업의 기본적인 체계를 법률이 잡아주고, 상세한 실무 절차와 방법을 행정 규칙이 잡아주고 있었다. 당시 내가 맡은 사업을 예로 들면 이렇다. 축산물의 수입, 유통, 판매에 대해서는 '축산물위생관리법'과 '식품위생법'이 사업을 체계적으로 볼 수 있게 해주었다. 여기에 '관세법'과 현재의 '수입식품안전관리특별법'까지 더하면 내 사업의 전후 단계까지 그림의 폭이 넓어진다.

그리고 내가 하는 업무와 관련된 정부기관(부, 처, 청, 원)에서 훈령, 고시, 예규를 통해 업무 하나하나에 대한 요령과 규정, 요건, 기준, 지침을 준다. 이것이 행정 규칙이다. 법에 내가 하는 모든 업무가 들어 있었다. 하지만 나는 뒤늦게 깨달은 것이 있다. 생각해보라. 법에 이런 내용들이 다 있어야 내가 잘못했을 때 어떤 근거를 들어 위반했음을 알리고 나를 처분하든 처벌하든 할 것 아닌가. 반대로 나는 그 법을 알아야 어떻게 하면 일을 잘할 수 있는지, 어떻게 법의 테두리 내에서 일을 체계적이고 정식으로 처리하는지 알 수 있다.

법과 호구

법으로 체계를 갖추는 것과 관련하여 나는 후배들에게 이런 비유를 한 적이 있다. 10가지의 코스 요리가 나오는 한정식집이 있다고 하자. 그 10가지 음식이 무엇인지 모르면, 8가지 음식만 나오더라도 나는 '여기 음식이 다 맛있네' 하고 말할 것이다. 2가지는 먹지도 못하고 10가지 음식값을 지불했는데도 말이다. 하지만 10가지 음식이 무엇인지 알고 있다면 11가지 음식이 나왔을 때 '여기는 음식도 맛있고 서비스도 좋구나'라고 생각할 것이다. 앞의 경우 내가 먹지 못한 2가지 음식

값을 돌려주지는 않는다. 그냥 속된 말로 호구가 되는 것으로 끝난다는 뜻이다.

사업도 마찬가지다. 내가 진행하는 사업에 대해 체계적으로 알지 못하면 상대에게 호구를 잡히게 마련이다. 내가 더 가져갈 수 있는, 아니, 내가 더 가져가야 하는 거래에서 내 몫을 상대가 더 가져간다는 것이다. '상대가 그렇게 나쁜 사람은 아니다'라고 생각하는가? 아니면 '상대가 좀더 가져가면 어때? 그 정도는 괜찮아'라고 생각하는가? 그건 아주 위험한 생각이다.

사업의 세계는 냉정하다. 돈이라는 성과를 내야 한다. 그렇게 착한 척하려면 자선 사업을 하면 된다. 회사도 그런 '착한' 직원들은 필요 없다. 당신에게 지금 유난히 잘해주는 거래업체가 있다면, 당신의 업무 체계를 돌아보고, 혹시 빠트리고 있는 것은 없는지, 잘못하고 있는 것은 없는지 생각해보라. 거래처가 당신에게 잘해주는 이유는 그 빠진 것과 잘못된 것을 보지 못하게 하기 위해서다.

법을 아는 사람이 이긴다

중소기업 해외법인장으로 베트남에서 일할 때였다. 업무 파악 중에 직원이 원료를 급하게 수입해야 하니 검토해달라며 계약서를 건넸다. 예전부터 거래하던 싱가포르 트레이딩 업체라고 했다. 그런데 자세히 들여다보니, 우리 쪽이 받아야 되는 수출지 발급 서류가 4개밖에 되지 않았다. 캄보디아에서는 같은 농산물류를 수출할 때 8개의 서류를 발급했는데 말이다. 나머지 4개는 제품 규격 관리와 검증, 그리고 컨테이너 적입 및 운반 위생 조치에 대한 것이다. 나는 한국인 직원에게 "예전부터 이런 계약서가 왔는가?"라고 물었다. 직원은 그렇다고 했다. 이상한 일이었다. 그 싱가포르 업체는 유럽과 동남아에서 유명한 트레이더로 이런 것을 놓칠 전문가들이 아니다. 일부러 뺀 것이다.

사업에서 선생님 같은 사람은 없다. 모르는 것을 가르쳐주면서까지 손해 보는 장사를 하는 사람은 없다는 뜻이다. 문제는 이 서류들이 없으면 물건에 이상이 있을 때 수출자에게 책임을 물을 수 없다는 것이다. 그 책임을 묻자고 덤벼들면 관계는 대부분 바로 끝나 버린다. 그래서 계약할 때 놓치는 서류 없이 모두 챙겨야 하는 것이다.

당시 한국인 직원과 무역부 현지 여직원은 이런 사실을 몰랐다. 법으로 체계화된 업무를 바탕으로, 단계별로 필요한 서류들이 어떤 것인지 생각해봤어야 했다. 안타깝게도 회사는 그것을 깨닫지 못했고, 가르쳐주지도 않는 선생님에게 수업료를 계속 내고 있었다.

법으로 체계화된 업무를 파악하면 좋은 점이 있다. 바로 돈을 번다는 것이다. 돈을 버는 것은 프로 직장인의 성과이다. 돈을 버는 이유는 2가지다.

우선 법으로 완성되지 않은 업무 프로세스는 진척이 느려서 쓸데없는 시간 소비를 하고 실수가 잦다. 그리고 급기야 사고가 난다. 사고가 나야만 돈을 날리는 것이 아니다. 몰라서 더디고, 실수로 지체되는 것도 돈을 잃는 것이다. 법으로 체계화하면 조속한 업무 처리가 가능하고, 실수와 사고가 줄어드니 돈을 버는 것이다. 돈을 아끼는 것도 버는 것이다.

두 번째는 사업 기회가 많아진다. 법을 통해 이익을 낼 수 있는 공간이 더 많아진다는 것이다. 쉽게 이해되지 않을 수 있다. 이것은 법을 통해 돈을 벌 기회를 만들어본 사람들만 알 것이다. 왜냐하면 법을 알지 못해 일의 체계를 모르는데, 그 법의 체계들 사이에 숨어 있는 돈의 공간이 보일 리 없지 않은가. '우리 사업은 법과 크게 상관없는데'라고 생각하는 것은 섣부른 판단이다.

우리나라는 선진국이다. 대부분의 사업 분야가 각각의 해당 법 아래 체계적으로 관리되고 있다. 지금 당연하게 생각하고 있는 일들과 관련된 법 체계를 찾아보면 분명히 있을 것이다. 그 법 체계를 공부하라. 이것이 프로 직장인이 일하는 방식이다.

02

완벽한 직장인의 메모 습관은 다르다

○

프로 직장인의 메모 작성법은 이렇다. 어떤 사안에 대해 현재 상황과 함께 느낌과 생각을 적고 나서, 더 나아가 예상과 계획까지 적는다.

출근 시간 다른 직원들을 보면서 '어떻게 빈손으로 핸드폰만 들고 출근하지?'라고 생각한 적이 있다. 출퇴근 시간에 상사에게 전화가 와서 급히 메모해야 할 일이 생기거나, 새로운 아이디어라도 생각나면 어떻게 할 것인가.

나는 언제 어디든 개인 메모 노트를 가지고 다닌다. 그리고 적을 일은 반드시 생기게 마련이다. 메모할 것들을 들고 다니지 않는 사람들은 '어떻게 매번 노트를 들고 다니냐'고 생각할 수 있다. 하지만 메모 노트를 들고 다니는 사람들은 충분히 이해할 것이다. 그들에게는 공통점이 있다. 늘 메모하는 사람들은 일할 의지가 있다는 것이다.

해외법인에서 직원을 채용할 때의 일이다. 나는 직원을 채용할 때 특별히 보는 것 하나와 특별히 요청하는 것 하나가 있다. 특별히 보는 것은 면접 때 노트를 가지고 오느냐다. '면접을 보러 오는데 무슨 노트를 가져와서 적는다는 말인가'라고 생각할 수 있다. 하지만 실제로 면접에 노트를 들고 오는 지원자들을 보고 나 역시 놀랐다.

그리고 특별히 요청하는 것은 이전 회사에서 만든 자료를 하나만 이메일로 보내달라는 것이다. 어떤 내용의 자료이든 상관없다. 하지만 한 가지 조건이 있다. 당연히 이전 회사의 업무 관련 기밀 사항은 없어야 하고, 반드시 스스로 만든 자료여야 한다는 것이다. 누군가의 지시로 만든 자료여서는 안 된다. 물론 지원자들의 자료를 받아보면 누군가 시켜서 만든 것인지 자기 스스로 만든 것인지 알 수는 있다.

나는 팀장급 경력직 핵심 직원 5명을 모두 이렇게 뽑았다. 모두 노트를 들고 면접에 들어와서 책상 위에 펼쳐놓았다. 그리고 이전 회사에서 자기 스스로 만들어 업무에 사용하는 파일들이 있었다. 그 직원들은 나와 같이 일할 때도 변함이 없었다. 각자의 방법으로 항상 메모를 하고 스스로 일을 찾아서 했다.

프로 직장인이 메모하는 방법

일을 잘하고 성공하는 사람들의 메모 방법은 각기 다를 것이다. 하지만 그 다른 방법이란 메모를 적는 '기술'을 말한다. 다시 말하면 이 기술이란 메모를 할 때 번호를 붙인다거나, 중요한 것은 빨간 펜으로 적는다거나, 오늘 꼭 해야 할 일에는 별표를 붙이는 것과 같은 형식적인 방법이다. 하지만 그 기술보다 훨씬 더 중요한 것이 있다. 메모의 핵심은 내용을 어떻게 적느냐다. 일을 잘하고 성공하는 사람들이 내용을 적는 방법은 모두 비슷할 것이다.

일을 하는 데 필요한 내용은 상세히 적거나 많이 적을 필요 없다. 그것은 시간 낭비에 가깝다. 메모는 사전적 의미와 같이 기억을 돕기 위해 빠르고 짤막하게 적는 것이다. 그렇다면 어떤 것이 프로 직장인의 메모 방식일까? 그들의 메모 작성법은 이렇다. 어떤 사안에 대해 현재 상황을 적고(여기까지는 보통 직장인과 같다), 그다음 느낌과 생각을 적고 나서, 더 나아가 예상과 계획까지 적는다.

예를 들어 검역원 설명회를 갔는데 담당 공무원이 "다음 달인 9월부터 정밀검사 비용을 수입업체에게 청구한다"고 설명했다. 그렇다면 보통 직장인들은 있는 사실 그대로 '9월부터 정밀검사 비용 수입업체 납부'라고 적을 것이다. 하지만 프로 직장인은 '9월부터 정밀검사 비용 수입업체 납부. 검역원은 현재 업계의 어려운 상황을 모름. 팀장 즉시 보고 및 판매단가 조정 관련 거래선 협의'라고 적는다. 단편적인 예를 들자면 그렇다는 것이다.

메모할 사안은 천차만별이다. 물건일 수도 있고, 상황일 수도 있고, 사람일 수도 있다. 하지만 그 내용을 적는 방식은 동일하다. 그래서 어떤 메모든 맨 마지막에는 할 일을 적는 것이다. 위의 예에서 언급한 '판매 단가 조정 관련 거래선 협의'처럼 말이다. 그리고 실행한다. 이처럼 메모를 하는 프로 직장인들은 누가 시키지 않아도 자기가 할 일을 찾아서 한다. 일을 만들어서 한다는 뜻이다.

메모의 가치

메모하는 습관을 가져야 하는 이유는 또 있다. 그리고 반드시 프로 직장인처럼 메모를 해야 하는 이유도 있다. 그것은 업무 매뉴얼 때문이다. 단순한 사실만을 적은 메모로는 전문적인 매뉴얼을 만들 수가 없다. 13년간 메모를 하면서 매뉴얼을 만들어본 사람으로서 확신한다. 메모를 할 때 느낌과 생각 그리고 예상과 계획을 반드시 적어야 한다. 그래야만 나중에 메모들을 다시 검토하면서 정리하고 분류하며 체계적으로 방향성을 갖추면서 발전시킬 수 있는 업무 매뉴얼을 만들 수 있다. 그렇다. 업무 매뉴얼의 시작은 잘 작성된 메모이다. 이것이 진정한 메모의 가치다.

오랜 기간 메모를 하면서 정리한 메모의 기술 40여 가지가 있다. 효과적이고 더 빠르게 적기 위해 스스로 터득한 것이다. 하지만 나만의 메모 기술도 단번에 만들어지지 않는다. 메모를 하면서 자연스럽게 찾게 된다. 메모하는 습관이 없는 사람들은 당장 시작해야 한다. 메모를 시작해야 그다음 단계, 그리고 그다음 단계를 할 수 있다.

중요한 것만 무턱대고 적으려 들면 정작 적을 것이 없다. 의지를 갖고 우선 시작하면 된다. 그리고 프로 직장인처럼 메모하는 연습을 하면 된다. 느낌과 생각 그리고 예상과 계획을 반드시 적어야 한다는 사실을 잊지 마라.

한 가지 더 강조할 것은 메모는 적는 단계뿐만 아니라 그 이후 단계도 중요하다는 점이다. 한줄 한줄의 메모들을 매뉴얼로 승화하는 것이 프로 직장인의 업무 방식이다. 아무리 잘 적어놓기만 하면 무엇 하겠는가. 다시 보지 않을 메모는 낙서와 다를 것이 없다.

03

세미나, 컨퍼런스, 박람회 등 행사는 무조건 참석하라

○

당신을 회사 밖으로 한 걸음도 나가지 못하게 하는 회사와 상사들이 분명 있다. 그 회사는 직원들이 프로 직장인이 되면 회사를 강하게 만든다는 것을 모른다. 그런 회사를 퇴사하는 것은 힘들어서 못 버티는 것이 아니다. 그러니 아쉬워할 필요도, 미련을 가질 필요도 없다.

프로 직장인 마인드를 가진 사람들은 배움에 항상 목말라 있다. 어떤 분야든 끊임없이 변화하고 발전하기 때문에 가만히 앉아 있을 틈이 없다. 사업의 원리를 파악하고 전문성을 갖춘 사람들도 새로운 정보와 지식을 최대한 빨리 경험하고자 한다.

반면 사회생활을 하다 보면 해당 사업 분야에서 자기가 최고인 것처럼 으스대는 사람들이 있다. 그들 대부분은 알고 보면 속 빈 강정이다. 과거에 딱 한 번 해본 일이나 호랑이 담배 피우던 시절의 정보를 가지고 전부인 양 이야기한다. 세상에 책 한 권 읽은 사람이 제일 무섭다는 말이 있지 않은가.

직장인이 본인의 사업 분야에서 교육 프로그램이나 간헐적으로 진행하는 심화 과정을 듣고 업무적으로 자기계발을 하는 것은 당연하다. 그리고 한 가지 더 해야 할 것이 있다. 그래야 프로 직장인이다. 사무실에서 엉덩이를 붙이고 앉아 있지 말고 나가야 한다. 행사가 열리는 곳으로 말이다.

내가 말하는 행사란 이런 것이다. 내가 맡고 있는 사업과 관련하여 진행하는 각종 세미나, 컨퍼런스, 박람회, 설명회, 쇼케이스, 론칭쇼 같은 것들이다. 종류도 다양하고 명칭도 조금씩 달라 이루 다 언급할 수도 없다. 그래서 나는 이것들을 통틀어 행사라고 부른다. 박람회를 할 정도로 큰 시설을 갖춘 행사장들은 한정적이지만, 서울과 인근에 크고 작은 행사를 할 수 있는 중소 규모 호텔은 수없이 많다. 물론 유명 호텔에서도 많이 열린다.

나는 이런 행사에 빠지지 않고 참석한다. 초대해주지 않으면 내가 직접 전화해서 참석을 요청하기도 한다. 바쁜 회사생활을 하면서 왜 이렇게까지 행사를 쫓아다녀야 할까? 회사에서 배우지 못하는 크고 작은 것을 행사에서 보고 배우고 깨닫고 얻을 수 있기 때문이다. 1~2년 동안 고생해가면서 알아낼 수 있는 것, 또는 그보다 더 많은 시간이 필요한 지식을 단 하루에, 그리고 단 한 번 만에 얻을 수 있다. 그래서 행사에 꼭 참석해야 한다. 이것이 프로 직장인이 일하는 방식이다.

행사에서 얻을 수 있는 것들

행사를 통해 얻을 수 있는 여러 가지 장점 중에 가장 큰 것은 내가 맡고 있는 사업의 처음과 끝을 더 넓게 그리고 더 심도 있게 배울 수 있다는 점이다. 행사에 나와 연단에 선 사람이나 내가 마주한 사람들은 나보다 더 넓고 더 심도 있는 지식을 가진 사람들이다. 왜냐하면 그들은 10년, 20년, 어쩌면 그보다 더 많은 시간 동안 그 사업의 구석구석까지 파고들어 성장한 전문가들이기 때문이다.

예를 들어보자. 수입 축산물 관련 업무를 할 때의 경험이다. 어떤 세미나에 참석하니 호주 업체의 현지 글로벌수출총괄이라는 사람이 국제시장 분석을 해주고 최신 정보까지 브리핑해준다. 어떤 박람회에 가보니, 정부 담당자가 직접 나와 그 나라 검역제도를 상세히 설명해준다. 그리고 어떤 제품 론칭쇼에 가보니 30년 경력의 공장장이 작업 공정을 직접 시연하면서 제품의 특징을 콕콕 집어주었다. 바로 이런 것들이 내 사업에 대해 더 심도 있게 배우는 기회다.

반면 더 넓게 배운다는 것은 이런 것이다. 어떤 컨퍼런스에 갔더니 기후학자가 나와서 축산물과 기후 관련 연구를 발표했다. 어떤 기관 설명회에 갔더니 영양학과 교수가 축산물을 영양학적으로 분석한 자료를 설명했다. 그리고 어떤 푸드쇼에 갔더니 마케팅 회사 사장이 제품의 판매 전략과 시장 트렌드를 알려주었다. 내 사업 자체나 제품뿐 아니라 그것을 둘러싸고 있는 더 넓은 분야를 통해 다양한 시각으로 내 사업을 돌아볼 수 있다. 이런 정보들이 얼마나 값진 것인지 프로 직장인은 안다. 사무실에 가만히 앉아서 이런 값진 정보를 어떻게 얻는단 말인가. 그래서 나는 행사에 참석하는 것이다.

행사의 장점을 조금 더 덧붙이자면, 새로운 사업 기회로 이어지는 네트워킹이다. 행사에서 만나는 전문가들을 통해 정보를 얻는 것은 물론, 그곳에 온 사람들과 직접 거래를 한 경우도 많았다. 그리고 그 네트워킹이 또 다른 네트워킹으로 이어졌다.

한 가지 재미있는 사실은 대부분의 행사는 유료가 아니라 무료라는 점이다. 말하자면 수업료를 내지 않고 배우는 것이다. 이런 행사를 가지 않을 이유가 있을까. 하지만 보통 직장인은 이런 행사의 중요성을 모른다. 하지만 한 번 와본 사람은 반드시 또 찾는다. 컨퍼런스에서 만난 사람들이 박람회에도 오고, 박람회에 온 사람들이 시연회에도 온다. 내가 경험한 바에 의하면 그런 사람치고 일 못하는 사람 없고, 업계에서 유명하지 않은 사람이 없다.

행사, 어디서 열리는지 알아야 갈 것 아닌가

행사의 중요성을 알았다면, 이제 행사가 어디서 열리는지 알아야 한다. '내 사업 분야에는 이런 행사들이 없어'라고 이야기할 수도 있다. 하지만 어떤 사업 분야든 이런 행사는 반드시 있다. 규모와 횟수의 차이는 있겠지만 말이다. 단지 찾아보지 않았을 뿐이다. 가만히 있으면 초대장은 절대 오지 않는다. 스스로 찾아 나서야 한다. 그래야 행사가 보인다. 내가 행사를 찾는 방법을 소개하고자 한다.

국내의 경우 내 사업 분야와 관련된 협회, 기관, 기업체 등에서 일간지, 주간지, 월간지, 소식지, 정보지 등으로 발행하는 책자들이 있다. 이런 것들을 구독해서 보면 본문이나 광고 페이지에 행사가 소개되어 있다. 해외로 눈길을 돌리면, 관련 사업 분야에 대한 국제시장 정보와 가격 등을 볼 수 있는 유·무료 인터넷 사이트와 연구 발간지 또는 학술지를 소개하는 인터넷 업체들도 있다. 회원 가입을 하면 이벤트 달력이나 광고 코너에서 행사 일정을 파악할 수 있다.

직접 행사장에 가면 홍보 부스와 행사 광고 배너, 관련 브로슈어 등을 통해 다른 행사 일정과 장소, 연락처 등을 알 수 있다. 담당 업체에 연락해서 참가 신청을 하면 된다. 그리고 행사에 참석하는 데 문제가 없도록 달력에 표시해두고 다른 스케줄과 겹치지 않게 관리하면 된다.

특히 유료로 구독이나 회원 가입을 해야 하는 경우 회사에 이야기를 하고 결재를 올리면 된다. 하지만 회사에서 매번 허락하지는 않을 것이다. 회사에서 지원해주지 않는 경우에는 개인 계정으로 회원 가입을 한 다음 자비로 구독하고 책자는 집으로 우편 배송을 받는다. 이 정도 열정으로 해야 한다. 이런 돈은 절대 아까운 것이 아니다.

나를 성장시켜 전문가로 만들어줄 행사는 무조건 참가해야 한다. 돈이 많이 들더라도, 휴가를 내야 하더라도 반드시 참석하자. 행사에 참석하면 이득을 보면 봤지 손해 볼 것이 전혀 없다. 연차 또는 반차를 내서 행사에 가고, 휴가 내서 평소 가보고 싶었던 해외 컨퍼런스에 참석한 적도 있다. 이런 행사들은 분명 도움이 된다. 영어 공부와 같이 부수적인 자기계발은 하면서, 왜 직접적인 업무를 더 잘할 수 있는 자기계발은 하지 않는가. 업무에 대한 직접적인 자기계발 중에 하나가 바로 행사에 참석하는 것이다.

한 가지 당부하고 싶은 것이 있다. 행사를 무조건 간다고 해서 업무를 소홀히 해서는 안 된다. 해야 할 업무를 줄이면서까지 행사에 참석하는 것은 옳지 못하다. 하지만 직원 스스로 업무 성장 기회를 찾아 나서는 것을 지원하지 않는 회사가 있다. 업무와 직접적인 관련이 없는 외출을 허락하지 않는 것이다. 업무 관련 자기계발을 위해 연차나 휴가를 쓰는 것조차 인정하지 않는 회사들이 있다. 당신을 회사 밖으로 한 걸음도 나가지 못하게 하는 회사와 상사들이 분명 있다.

당신을 단순한 기계부품처럼 취급하는 회사와 상사라면 빨리 다른 곳을 알아봐야 한다. 그 회사는 직원들이 프로 직장인이 되면 회사를 강하게 만든다는 것을 모른다. 그리고 그런 회사와 상사는 그런 생각을 결코 바꾸지 않는다. 그런 회사는 당신이 능력을 키우는 데 아무런 도움이 되지 않는다. 그런 회사를 퇴사하는 것은 힘들어서 못 버티는 것이 아니다. 그러니 아쉬워할 필요도, 미련을 가질 필요도 없다.

04

일부러 나를 찾아오는 귀인은 반갑게 맞이하라

○

나를 처음 찾아온 사람이 들려주는 경험에서 가치를 발견하지 못하면, 대개 그 사람을 말도 안 되는 사기꾼 취급을 해버린다. 그 경험의 가치를 알아보는 것은 내 몫이다.

전화벨이 울린다. 사무실 전화도 울리고 핸드폰도 울린다. 나를 만나기 위해 연락하는 사람들이다. 사실 나를 찾아온다는 것 자체가 큰 의미가 있다. 거꾸로 생각해보면 이해하기 쉬울 것이다. 내가 사업상 누군가를 찾아갈 때 어떤 마인드를 가지는지 말이다. 2장의 '기브 앤드 테이크 3대1 법칙'에서 이야기했듯이, 나를 찾아오는 사람은 우선 나에게 정보를 주러 오는 사람들이다. 얼마나 고마운 일인가. 나에게 정말 귀한 사람들이다.

혹자는 찾아오는 사람을 만나는 것이 무슨 특별한 '일하는 방식'이냐고 생각할 수 있다. 주위를 둘러보라. 직장 생활을 하다 보면 전문가를 찾아가는 것은 접어두더라도, 만나러 오는 사람조차 거부하는 사람들이 너무 많다. 그러니 특별한 일이 아니고 무엇이겠는가. 하지만 프로 직장인은 여기에 더

해 만나는 그 사람에게서 배움을 얻는 능력을 가지고 있다. 단지 만나기만 하는 것은 의미가 없다. 귀인을 알아보지 못하고, 배우는 것 하나도 없다면 말이다.

나를 찾아오는 귀인을 만나라

무역상사를 다니는 동안 많은 사람들이 내 팀을 방문하고 나를 찾아왔다. 진정으로 나에게 큰 도움이 된 사람들은 경험이 많은 이들이었다. 전문가가 되기 위해서는 경험도 아주 중요한데, 내게 주어진 시간은 다른 사람들과 같다. 내가 해보지 않은 새로운 것을 경험해본 사람, 나보다 일찍 사업에 몸담아 역사를 아는 사람, 더 다양한 아이템을 다뤄본 사람, 성공 사례가 많은 사람 그리고 실패 사례가 많은 사람들까지 많은 사람들에게 현장감 있는 생생한 정보를 직접 듣는 것이 큰 기쁨이었다. 그리고 그 경험이 나를 성장시키는 촉매제가 되었다. 특히 해외업체 담당자는 귀인 중의 귀인이다. 내 사업 분야와 관련된 일을 그 나라에서 과거에 경험해본 사람이 아니라, 지금 그 일을 하고 있는 사람이기 때문이다.

보통 직장인들은 왜 귀인을 알아보지 못할까? 나를 찾아온 사람의 경험을 듣고 옥석을 가려내지 못하기 때문이다. 나를 처음 찾아온 사람이 들려주는 경험에서 가치를 발견하지 못하면, 대개 그 사람을 말도 안 되는 사기꾼 취급을 해버린다. 그 경험의 가치를 알아보는 것은 내 몫이다. 한번 생각해보라. 미팅이 끝나고 돌아설 때, 스스로 얼마나 자주 마음속으로 속삭였던가. '완전 사기꾼이네' 하면서 말이다.

미국에서 한 사람이 찾아왔다. 그는 회사를 방문한 것도 아니고, 우리를 호텔로 불렀다. 그가 제안한 사업을 이 책에서 밝힐 수는 없지만 한국에서 한 번도 시도해본 적이 없는 것이었다. 하지만 미국에서는 이미 진행하고 있으니, 대기업 무역회사에서 같이해보자는 것이었다. 우리는 상세한 설명을 듣고 헤어졌다. 그때 함께 갔던 상사가 미팅을 끝내고 나오면서 나에게 이런 말을 했다. "말도 안 되는 소리 같은데!"

한 달간 조사를 마치고 나서 내가 먼저 그 회사에 연락했다. 그리고 결국 우리 회사는 그 '말도 안 되는 소리'를 한 사람과 수출 사업을 시작했다. 첫해에 그 수출 건으로 나는 회사에서 상도 받았다. 나는 그 '말도 안 되는 소리'를 하는 사람과 지금도 연락하고 있다. 그 사람이 우리를 처음 찾아온 지 벌써 9년이 지났다. 이후에 들은 이야기지만 그 사람은 미국 회사에서 충분한 인센티브를 받았다고 했다. 그 사람은 아직도 나에게 "당시 자기를 알아봐주고 믿어줘서 고맙다"고 말한다.

당신을 찾아오는 사람들은 매일 보는 회사 동료도 아니고, 가끔씩 만나는 거래처 직원도 아니다. 미팅이라는 제한된 시간 동안 귀인인지 아닌지 한 번에 알아봐야 한다. 그래야 성과를 낼 수 있는 기회도 찾아온다. 그것이 프로 직장인이다. 회사에서 배우기만 할 수는 없지 않는가.

이미 찾아온 귀인들

회사에서도 공짜로 배울 수 있는 기회가 있다. 하지만 안타깝게도 대부분의 직장인들은 그 기회를 살리지 못한다. 사내의 귀인들이란 바로 각 팀의 전문가들이다. 어느 회사든 이런 사람들이 있다. 무역회사의 경우 수출, 물류, 통관, 외환, 투자 등의 업무에 관한 일명 도사들이다. 특히 매일 해당 업무를 수행하는 사람들인 만큼 생생한 경험과 실무 지식을 갖추고 있다. 하지만 돈이 드는 것도 아니고, 멀리 찾아가야 하는 것도 아닌데 다른 팀의 전문가들을 찾아가서 본인에게 부족한 부분에 대해 자문을 구하는 사람들이 거의 없다.

특히 입사 4년차 이하의 젊은 친구들은 집중적으로 사내 전문가들을 쫓아다니며 배워야 한다. 빨리 배워서 성장해야 하기도 하지만, 대리 이상이 되면 저절로 엉덩이가 무거워진다. 몰라도 물어보지 못한다는 것이다. 보통 팀에서 대리 직급인 사람들은 다른 팀의 누군가를 찾아가서 물어보라고 하면 우물쭈물거린다. 왜 그런지는 본인들이 더 잘 안다. 대리 직급이면 이미 알고 있어야 하는 것인지, 아니면 물어볼 만한 것인지 말이다. 그러고는 모르면서도 스스로 알아서 하겠다고 한다. 그런 마인드 때문에 더 뒤처지는 것이다.

프로 직장인이 되려면 이런 사내 귀인들을 꼭 찾아가서 궁금한 것들을 물어보아야 한다. 한 가지 확실한 것은 아무리 퉁명스럽고 깐깐한 선임들도 자기를 전문가로 생각하고 찾아와 이것저것 물어보는 사람을 기꺼이 반긴다는 것이다. 나는 점심시간을 이용하여 이런 사내 귀인들을 만났다. 수업료를 점심값으로 지불한 적도 있지만, 대부분 선임들이 점심을 샀다. 그들은 자기 경험과 지식을 인정하고 찾아온 후배가 고마운 것이다. 매일 같은 팀 사람들과 점심을 먹기보다는 그 짧은 시간도 배움의 기회로 이용하는 것이 프로 직장인이다.

물론 나를 찾아오는 사람들 중에는 귀인이 아닌 사람들도 있다. 나는 이런 사람들에게 걸려오는 전화에 대처하는 방법을 정리해놓았다. 왜냐하면 그들은 물어볼 내용과 나의 예상 답변에 대해 만반의 준비를 하고 전화를 걸기 때문이다. 자칫 섣불리 대응하면 중요한 정보를 뺏기거나, 내가 맡고 있는 사업 또는 회사가 난처해질 수 있다. 대체로 언론사나 정부기관, 경쟁사에서 오는 전화들이다. 관련 시장에 문제가 생기면 이슈를 쫓는 사람들이 붙게 마련인 것이 무역업의 한 단면이기도 하다.

한 가지 대처 방법을 예를 들어 설명하겠다. 처음 전화가 걸려왔을 때는 우선 상대방의 회사명 또는 기관명을 물어보고, 소속 부서와 직함, 이름까지 정확하게 물어봐야 한다. 이런 전화는 대부분 본인의 소속이나 이름을 말하지 않거나 대충 흘리듯 말하는 경우가 많다. "물어볼 것이 있어서 전화했는데요" 아니면 "거기가 어떤 사업을 담당하는 팀이시죠?" 이렇게 시작하면서 바로 질문에 들어가는 경우가 대부분이다. 회사명 또는 기관명, 소속 부서, 직함과 이름까지 정확히 받아 적을 때까지 몇 번이고 물어봐야 한다. 이렇게 해야 하는 데는 이유가 있다. 회사 경영진에게 보고를 하거나 뒷조사를 하기 위해서는 정확한 정보가 필요하기 때문이다. 이쯤 되면 대충 귀인의 전화인지 아닌지 어느 정도 판단할 수 있다.

그다음에는 확인 작업에 들어간다. 내가 상대방보다 먼저 질문하는 것이다. 전화를 한 용건이 무엇인지 말이다. 그리고 그 용건을 들어보면 귀인이 아닌 것을 확신하게 된다. 그럼 다음에 할 일은 하나다. 우선 전화를 끊는 것이다. 귀인이 아닌 사람의 전화를 수없이 받아오면서 내가 내린 결론은 이것이다. 첫 통화에서 최선의 방법은 내가 물어볼 것만 물어보고 끊는 것이다.

“현재 미팅 중인데 1시간 이후에 다시 전화를 주십시오” 아니면 “회의에 다시 들어가 봐야 해서 지금은 통화하기 어렵습니다”라고 답변한다. 상대가 “잠깐이면 됩니다”, “몇 가지만 물어보면 됩니다”라고 해도 받아주면 안 된다. 우선 끊어야 한다. 작정하고 캐내려는 상대방에게 찬물을 끼얹어야 한다. 또한 뒷조사를 통해 왜 이런 전화가 왔는지 상황을 파악할 때까지 시간을 벌어야 한다. 그래서 전화 통화를 이어가서도 안 되고, 바로 다시 전화할 여지를 줘서도 안 된다. 대개 이런 전화는 녹음을 하는 경우가 많다. 또한 그 잠깐의 통화와 그 몇 가지 질문에 대한 답변에서 중요한 정보를 뺏겨 내 사업이나 회사를 난처하게 할 수 있다.

물론 진짜 사기꾼이 전화할 때도 있다. 하지만 99퍼센트는 귀인들이다. 그들의 전화를 기쁘게 받아라. 귀인들의 경험을 바탕으로 전문성을 높이는 것, 그리고 그들과 함께 일할 기회를 찾는 것이 프로 직장인이 일하는 방식이다.

05

어떻게든
해외 출장을 가라

○

출장에서 얻는 배움의 가치가 출장 전후의 고생보다 더 크다. 아니, 몇 배는 더 크다. 프로 직장인의 또 다른 성장의 비밀은 해외 출장을 가는 것이다. 그 해외 출장에서 내가 하는 일의 처음과 끝을 보게 될 것이다.

아마도 무역회사에서 같은 근무 연수로는 해외 출장을 가장 많이 다닌 사람이 바로 나일 것이다. 책을 쓰면서 다시 한 번 정리해보니, 연평균 9회로 총 20개 나라에 출장을 다녀왔다. 물론 '그 정도가 뭐 대단한가'라고 생각할 수 있다. 무역회사에서 출장을 가는 것이 일반 회사에서 출장을 가는 것보다 더 힘들다는 것을 아는 사람은 많지 않다. 왜냐하면 무역회사 출장은 처음부터 끝까지 나 혼자 계획해야 하기 때문이다. 그리고 '출장을 가면 얼마를 벌 수 있나?'라고 묻는 팀장과 사업부장을 설득하는 것이 출장 자체보다 더 어려울 때도 많다.

그뿐만이 아니다. 출장을 갈 나라에서 미팅할 업체들을 스스로 찾고, 일일이 연락해서 정해진 일정에 맞춰 스케줄을 짜야 한다. 방문 업체의 특성에 맞게 샘플이나 자료를 준비해야 하고 개별 질문지도 만들어야 한다. 거기서 끝이 아니다. 출장을 다녀오면 보고서를 작성해서 결과 브리핑을 해야 하고, 계약을 끌어내기 위한 업체별 후속 조치로 더 바빠진다. 여기에 출장 기간 쌓여 있던 업무도 처리해야 한다.

그런데도 출장을 가야 하는 이유는 무엇일까? 위에 나열한 고된 작업들보다 얻는 것이 더 많기 때문이다. 누구나 알고 있을 것이다. 출장에서 얻는 배움의 가치가 출장 전후의 고생보다 더 크다는 것을 말이다. 아니, 몇 배는 더 크다. 그런데 왜 월급쟁이로 책상 앞만 지키고 있는 것인가. 프로 직장인의 또 다른 성장의 비밀은 해외 출장을 가는 것이다. 그 해외 출장에서 내가 하는 일의 처음과 끝을 보게 될 것이다.

해외 출장, 진정한 '비즈니스 A to Z'의 완성

앞에서 말했듯이 무역회사에 근무하면서 나는 구매자의 입장도 되어보고, 판매자의 위치에도 서볼 수 있어서 행운이었다. 그리고 해외 출장은 본인이 어떤 업무를 하든 그 시작과 끝을 볼 수 있는 유일한 기회다. 해외 출장을 가면 내가 하는 업무의 시작 전 단계와 업무의 끝 그다음 단계까지 볼 수 있다. 수입업체로서 우리 회사가 구매하는 완성품의 제작 단계를 알 수 있는 기회다. 그리고 수출업체로서 우리가 판매한 완성품의 유통 및 판매 단계를 파악할 수 있다. 이렇게 진정한 내 업무의 A to Z를 습득하는 과정이 프로 직장인의 업무 방식이다.

사무실에 앉아서, 또는 현장에서 내가 수행하는 프로세스는 진정한 전체 프로세스가 아니다. 그것은 내 업무일 뿐이지 전체 업무는 아니라는 뜻이다. 내가 하고 있는 일의 전 단계와 그다음 단계가 왜 중요한지를 알아야 한다. 내 업무만 하는 사람은 내 분야의 일부를 아는 것일 뿐이다. 하지만 내 분야의 전체 업무를 아는 사람은 전문가가 된다. 전문가인 프로 직장인과 일반 직장인은 이처럼 작은 차이에서 나눠진다. 그래서 일반 직장인이 보지 못하는 그 작은 차이를 보는 사람이 전문가로 인정받는다.

내 일의 전 과정을 알면 숨은 1센티미터가 보인다

2014년 해외법인에서 있었던 일이다. 법인 설립 후 주로 OEM 제품만 만들다가 브랜드 제품을 수출하던 초기였다. 내 브랜드를 처음 구매한 미국 업체 사장은 나에게 너무나 감사한 분이었다. 나는 제품의 생산부터 포장, 선적까지 최대한 바이어를 배려하며 일을 진행했다. 당시 완제품을 박스에 넣어서 수출했다. 나는 나름대로 많은 양을 실어 바이어의 도착지 운송비를 줄였고, 컨테이너 적재의 용이성과 바이어 창고에서 지게차로 내릴 때 편리성도 사전에 고려했다. 하지만 한 달에 한 번씩 수출하는데 업체의 박스 포장 수정에 대한 요청이 매달 계속되었다.

몇 번의 수정을 거쳐 '이제 바이어가 만족하겠지' 하고 생각할 즈음 미국 출장을 가야 했다. 그동안 공들이던 신규 업체에서 미팅을 하고 싶다는 연락이 왔기 때문이다. 나는 이때다 싶어 하루 스케줄을 빼서 뉴욕으로 갔다. 내 첫 브랜드 제품이 어떻게 팔리고 있는지 너무나 궁금했기 때문이다. 업체 사장은 사무실, 재고 창고, 차량 적재 그리고 제품이 팔리는 미국의 슈퍼체인을 다섯 곳이나 보여주었다. 내가 만들어서 수출한 제품의 보관, 운송, 유통, 판매를 모두 볼 수 있어 행복하기까지 했다. 그리고 그 업체 사장에게 미안했다. 그 사람이 왜 박스 포장을 계속 수정했는지 그때 비로소 깨달았기 때문이다. '좀더 빨리 출장을 왔더라면', '내 제품에 대해 다음 단계, 그다음 단계를 알았더라면' 하는 후회가 들었다.

그 미국 업체는 주로 베트남 제품을 취급했었다. 내 제품을 처음 구매한 업체의 창고는 무게가 나가는 내 제품을 창고랙(주로 창고에서 물건을 3단, 4단으로 적재할 수 있도록 제작한 철제 구조물)의

맨 하단에 보관했다. 그런데 내 수출 제품의 박스는 1~2센티미터 차이로 그 랙에 맞지 않았다. 말하자면 한 줄을 통째로 비워야만 했다. 그래서 업체 사장은 박스 규격을 수정하려고 했던 것이다.

또 다른 이유도 있었다. 슈퍼체인에 배송할 때가 문제였다. 나는 우리 제품만 따로 배송된다고 생각하고 있었는데, 실제로는 다른 제품과 같이 팔레트 작업을 해서 배송하고 있었다. 내 제품의 박스 규격 때문에 그 위에 다른 제품을 높이 쌓아 올리지 못할 뿐 아니라 팔레트가 쓰러질 위험도 있었다. 나는 이 2가지 문제를 해외 출장에서 깨달았다.

"그런 것은 바이어가 알아서 먼저 수정 요청을 하면 되는 것 아니냐"라고 말할 수 있다. 하지만 내가 먼저 하면 서비스이고, 남이 시켜서 하면 일인 것이다. 내가 먼저 물어보고 움직였어야 했다. 그 이후에는 내 제품을 처음 구매하는 업체에 먼저 물어보고 대응한다. 구매업체에서 좋아하는 것은 말할 필요도 없다. 좋아한다는 것은 편하다는 것이다. 비슷한 제품을 파는데 내 일을 더 편하게 해주는 업체에서 구매하는 것이 당연하다. 사업에서는 그 '편함'이 돈이다.

성과급에 보너스까지 챙겨라

"우리 회사는 국내에서만 사업을 하는데, 무슨 해외 출장이냐"고 묻는 사람이 있다. 무역회사에서 내가 취급한 농축산물 및 가공품은 모두 국내 생산되고 있는 제품들이다. 나는 한국에서 똑같거나 유사한 제품을 생산하는 중소·중견 기업 CEO들을 많이 만나봤다. 지금 생각해보면 해외 출장을 그들이 나보다 더 많이 다닌 것은 놀라운 일이 아니었다. 그리고 중요한 것은 그들이 나보다 더 빨리 움직이고 있었다는 것이다.

지금은 국내시장만 보면서 사업할 수 없다. 국내시장만 바라보는 사람은 이미 뒤처진 것이다. 해외 출장은 프로 직장인이나 경영자가 반드시 해야 할 업무라는 것을 잊어서는 안 된다. 그 이유는 이렇게 생각해보면 이해할 것이다. 놀기 위해 해외 여행은 가면서 일하기 위해 해외 출장은 왜 가지 않는 것인가. 단지 즐기기 위한 목적이라면 국내에서도 얼마든지 할 수 있다. 하지만 많은 사람들이 힐링(healing)을 위해 해외 여행을 간다고 말한다. 마찬가지로 직장인들은 러닝(learning)을 위해서 해외 출장을 가야 한다.

이렇게 해외 출장으로 내 업무에 대한 전체 프로세스를 이해하면 추가 성과급이 있다. 사업 구조에 대한 이해의 폭이 넓어짐으로써 거래 업체와의 관계가 더욱 굳건해진다는 것이다. 이것은 내 마음을 알아주는 친구와 더욱 가까워지는 것과 같은 이치다.

그리고 성과급에 보너스까지 있다. 그것은 개인적으로도 여러 나라를 다니면서 견문을 넓힐 수 있고, 생각의 깊이를 더할 수 있다는 것이다. 월급에 성과급과 보너스까지 얻을 수 있는데 해외 출장을 가지 않을 이유가 없다. '안 가면 그만'이 아니라 '안 가면 뒤처진다'가 맞다. 책상 앞에만 앉아 있는 월급쟁이가 아니라 글로벌한 프로 직장인이 되어야만 한다. 앞으로는 프로 직장인만 살아남는 시대가 올 것이다.

06

몸소 터득한 스킬은 매뉴얼로 만들어라

○

정식으로 일하는 법은 나 스스로 만들어가는 것이다. 즉 내 분야에서 최고가 된다는 생각으로 내가 하는 일들을 매뉴얼로 만들어가는 과정, 이것이 정식으로 일하는 유일한 방법이다.

○

프로 직장인으로서 매뉴얼을 만드는 일련의 과정은 자연스럽게 나 자신을 돌아보는 성찰의 시간이 된다. 그리고 습득한 지식과 경험을 복습하고 보완하며 체계적으로 발전시켜 나가는 기회가 된다.

평생 해나갈 업의 큰 밑바탕이 된다. 왜냐하면 전문가로서 나만의 매뉴얼을 만드는 그 성찰의 시간은 반드시 통찰의 순간으로 보답하기 때문이다.

'누가 시키지도 않았는데 내가 하는 업무에 대한 매뉴얼을 만든다.' 일반 직장인, 즉 월급쟁이 마인드로는 이해되지 않을 것이다. 그리고 스스로 만들기도 쉬운 일이 아니다.

매뉴얼 작업은 이 책에서 소개하는 '완벽한 직장인이 일하는 방식' 중에서 가장 많은 시간과 노력이 투여되는 단계다. 그만큼 중요하고 힘든 과정이다. 하지만 업무 전문가를 넘어 경영을 하는 자세로 성장하는 프로 직장인에게는 반드시 필요한 것이다. 그래서 나는 13년간, 그리고 지금도 나의 매뉴얼을 만들고 다듬는다.

그 매뉴얼들은 특별한 것이 아니다. 하지만 당연한 것도 아니다. 내가 말하는 매뉴얼은 윗사람이 지시해서 만든 보고서나 사업계획서가 아니다. 그렇다고 팀이나 사업부에서 관리 목적으로 매일 매월 사용하는 각종 파일들이나 장부들도 아니다. '프로 직장인의 매뉴얼'이란 내가 하는 모든 일을 자료로 만드는 것이다. 상사가 지시한 일이나 내가 맡고 있는 업무, 필요할 때마다 하는 모든 일들을 말이다. 대상에 따라 매뉴얼은 설명서가 될 수도 있고, 리스트가 될 수도 있고, 분석표나 흐름도가 될 수도 있다.

내가 만든 매뉴얼들이 내 사업 분야에서 최고의 매뉴얼인지 아닌지는 알 수 없다. 왜냐하면 어떤 직업 분야나 직장에서 실제로 하는 업무들에 대해 자세히 설명해둔 자료는 없기 때문이다. 그런 내용을 담은 대학 교재나 전문 서적도 없다. 그리고 회사 선배들한테 받은 자료들 중에서도 매뉴얼 비슷한 자료를 보지 못했다.

하지만 내 매뉴얼은 한 분야에서 10년 이상 직접 진행하고 배우고 경험한 내용을 정리한 자료인 것은 확실하다. 그리고 그 분야에서 성공한 사람들에게서 습득한 노하우와 기술을 더해서 만든 것이다. 이 매뉴얼들이 나에게 해답을 주었다. 내가 매일매일 무슨 일을 하는지, 그것이 어떻게 돌아가는지, 그리고 왜 하는지를 말이다.

정식으로 일을 배우고 싶습니다

대기업에 근무할 때나 그 이후에도 후배 직원들이 말하는 불만의 대상이자 욕구의 주체가 있다. 그것은 정식으로 일을 배우지 못하는 것에 대한 강한 불만이자 정식으로 일을 배우고 싶은 욕망이었다.

하지만 이런 불만도 프로 직장인의 자질이 있는 사람들이나 가지는 것이다. 안타깝게도 대부분의 직장인들은 배우고 싶은 마음이 없는 것 같다. 자기 업무에 대해 궁금한 점이 없으니 말이다. 궁금하지 않은데 배우고 싶겠는가.

나도 입사해서 정식으로 일을 배워본 적이 없다. 회사에는 바쁘지 않은 사람이 없다. 바쁘지 않더라도 자기 할 일은 반드시 있다. 신입사원을 앉혀놓고 업무의 모든 프로세스를 정리한 자료를 보여주며 친절하게 가르쳐주는 선배는 거의 없다. 그런 교육을 제도화한 회사도 찾아보기 힘들다. 대부분 이런 교육 저런 교육 이름만 바꿔가면서 조금 하다가 흐지부지하기 일쑤다.

결론부터 이야기하면 정식으로 일하는 법은 나 스스로 만들어가는 것이다. 내 분야에서 최고가 된다는 생각으로 내가 하는 일들을 매뉴얼로 만들어가는 과정, 이것이 정식으로 일하는 유일한 방법이다.

"이미 다 알고 있는 지식을 뭐하러 힘들게 시간 낭비하면서 매뉴얼을 만드는가"라고 말할 수도 있다. 실제로 그런 소리를 여러 번 듣기도 했다. 하지만 그것이 바로 기계적으로 출퇴근하는 월급쟁이와 프로 직장인의 차이다. 과거에는 회사 사람들이나 다른 경쟁 업체 사람들의 업무 지식이 나와 비슷했다.

하지만 지금은 어떨까? 매뉴얼을 만든 사람과 만들지 않은 사람은 분명 다르다. 그들의 지식은 '그저 해봤기 때문에 아는' 정도이고, 나의 전문성은 '내가 해보고 아는 것뿐 아니라 할 수 있는 것까지 체계적으로 적은 것'이다.

아이러니하게도 나한테 '쓸데없이 왜 그런 매뉴얼들을 만들고 있냐'고 했던 관리자급 상사들이나 후배들이 내가 해외에 나가 있을 때 가끔 연락을 한다. 지금도 마찬가지다. 그러고는 각종 업무 관련 매뉴얼을 달라고 부탁한다. 자신들 보고서에 첨부하고, 사업계획서에 넣는다면서 말이다. 그리고 바이어 상담 때나 출장을 갔을 때 참고하고 싶다고 말한다. 그때마다 씁쓸한 기분이 들었다. 하지만 그 매뉴얼들을 나누는 것 또한 프로 직장인이 일하는 방식일 것이다.

메모는 매뉴얼의 아버지

이런 매뉴얼들을 만들어가기가 결코 쉬운 일이 아니다. 작성하는 데 필요한 시간과 노력은 둘째 문제다. 무엇보다 가만히 회사 책상 앞에 앉아 '어떤 매뉴얼을 만들어야지' 하고 시작하면 절대 만들지 못한다.

왜냐하면 5년, 7년, 10년의 근무 기간 동안 있었던 모든 일들을 기억할 수 없기 때문이다. 하지만 그 기억을 생생히 되살려줄, 쉽고 빠르고 확실한 방법이 있다. 바로 메모를 하는 것이다. 메모하지 않으면 매뉴얼을 만들 수도 없다. 나에게 매뉴얼이란 다른 말로, '매일매일 메모 노트의 소중한 정보가 자료화되고 체계화되어 전문지식으로 완성되는 것'이다.

내가 만난 성공한 CEO들도 대부분 자기만의 매뉴얼을 가지고 있었다. 그들이 그 매뉴얼을 뭐라고 부르는지는 모른다. 하지만 나는 보았다. 빼곡히 적힌 노트와 책상 위에 펼쳐진 그들만의 매뉴얼을 말이다.

매뉴얼이 나에게 주는 선물

프로 직장인으로서 매뉴얼을 만드는 일련의 과정은 자연스럽게 나 자신을 돌아보는 성찰의 시간이 된다. 그리고 습득한 지식과 경험을 복습하고 보완하며 체계적으로 발전시켜 나가는 기회가 된다. 이 매뉴얼들이 조직에 꼭 필요한 뛰어난 인재를 양성하는 초석이 될 것이며, 양적으로나 질적으로 내 회사의 성장에 기여하리라는 것은 어찌 보면 당연하다.

물론 이런 매뉴얼을 갖고 있는 프로 직장인들은 이미 알고 있을 것이다. 이 매뉴얼이 평생 해나갈 업의 큰 밑바탕이 된다는 것을 말이다. 왜냐하면 전문가로서 나만의 매뉴얼을 만드는 그 성찰의 시간은 반드시 통찰의 순간으로 보답하기 때문이다. 그 통찰의 의미는 이미 여러 번 직간접적으로 언급했다. 이제 당신의 메모를 꺼내 매뉴얼을 만들어라.

이 정도는 해야 완벽한
직장인이라 할 수 있다

메모 잘하는 법

앞에서 소개한 '메모의 기술'의 일부를 설명하고자 한다. 설명하기 전에 일러두고 싶은 것이 있다. 나는 메모를 활용해서 업무 매뉴얼을 만들었다. 따라서 그 과정을 알아야 메모의 기술을 이해할 수 있을 것이다.

매뉴얼을 만드는 과정은 다음과 같다. 우선 매일매일 메모 노트를 적는다. 그리고 엑셀 파일로 메모 내용을 대분류하여 일차적으로 정리한다. 예를 들어 엑셀시트 하나마다 '메모의 기술', '보고서 작성 매뉴얼, '협상 매뉴얼 101', '의전 매뉴얼' 등으로 나누는 것이다. 그리고 최종적으로 그 엑셀 파일을 기반으로 매뉴얼을 만든다. 쉽게 설명하기 위해 메모 내용을 가지고 매뉴얼을 만든다고 했지만 사실 엑셀 파일 없이 매뉴얼을 만들기는 힘들다. 한 가지 매뉴얼을 만들 때마다 13년치 메모 노트를 모두 꺼내 일일이 뒤져볼 수는 없다. 그래서 중간 작업으로 엑셀 파일을 만들기 시작했다.

그리고 다시 한 번 강조하고 싶은 것이 있다. 메모는 빠르고 짤막하게 적어야 한다는 것을 명심하라. '상세히' '많이' 적는 것은 메모가 아니다. 나만의 '메모의 기술' 10가지를 간략하게 소개한다.

메모를 할 때 대분류를 같이 적는다

엑셀 파일을 만들 때 시간 절약을 할 수 있다. 리더십에 들어갈 메모 내용 앞에는 '리', 협상 관련 내용 앞에는 '협'이라고 메모하는 것이다.

암호, 기호, 줄임말을 남발하지 않는다

메모를 하다 보면 그 숫자가 기하급수적으로 늘어난다. 그렇게 되면 메모를 정리할 때 그 의미를 생각하느라 쓸데없이 시간을 허비하게 된다.

내 생각과 의견인지, 남의 생각과 의견인지 구분한다

내 생각과 의견이었는지, 남의 생각과 의견이었는지 헷갈릴

때가 한두 번이 아니다. 내 것일 때는 메모 앞에 '나'를 적고, 남의 것일 경우 그 사람의 '성'을 적는다.

손으로 적는다

전자기기와 프로그램에 기반한 메모를 해봤지만 직접 손으로 적는 메모만큼 생동감과 기동성이 뛰어나지 않다. 또한 손으로 직접 쓴 메모가 기억에 더 오래 남는다.

중요한 내용과 특별한 내용은 별도의 표시를 한다

나는 중요한 내용 앞에는 '중요'라고 표시하고, 특별한 내용은 '별표 ★'를 한다. 그렇게 구분하지 않으면 경중을 가려내지 못한다. 왜 중요하게 생각했는지 기억하지 못하고, 모든 메모가 다 평이하게 여겨진다. 특별한 것은 왜 특별한지 표시해두어야 나중에 기억하기 쉽다.

메모할 양이 많거나 메모하기 어려운 상황에서는 핸드폰 사진으로 찍는다

사진 찍은 내용을 당일에 손으로 직접 메모하거나 엑셀 파일로 정리해야 한다. 하루만 지나도 왜 사진을 찍었는지 기억조차 나지 않는 경우가 많다.

메모 노트에 페이지 번호를 달아라

나중에 메모를 정리할 때 위치를 찾기 쉽고 연관된 메모들끼리 연결할 때 용이하다.

매일 적는 메모에 번호를 붙여라

오늘 몇 개의 메모를 했는지 알 수 있고, 각 메모별로 구분하기 쉽다.

날짜를 적는 것은 기본, 중요하고 특별한 메모는 반드시 시간까지 적는다

날짜를 적어야 나중에 엑셀 파일을 정리하거나 매뉴얼을 만들 때 시간의 흐름과 간격을 파악할 수 있다. 시간이 왜 중요한지는 메모를 해본 사람만이 안다. 메모해둔 시간이 결정적인 역할을 할 때가 있다. 또한 그 메모를 작성한 시간이 아이디어를 끌어내는 데 도움이 되기도 한다.

메모 노트는 양장을 사용한다, 링이나 와이어는 쓰기가 불편하다

링과 와이어 메모 노트는 왼쪽 페이지를 쓸 때 오른손잡이들에게 불편하다. 메모하는 데 시간이 걸리고 신경이 쓰인다.

여기에 소개한 10가지를 포함해서 40여 가지의 '메모의 기술'이 있다. 이와 같은 기술을 하루아침에 터득한 것이 아니다. 어떤 것은 메모를 시작한 지 얼마 지나지 않아서 깨달았고, 어떤 것은 5, 6년이 지나서 알게 되었다. 13년간 많은 시행착오를 거치면서 매뉴얼까지 염두에 두고 효과적이고 더 빠르게 적기 위해 터득한 것들이다.

내가 소개한 '메모의 기술'이 모든 사람들에게 맞을 수는 없다. 자신에게 맞는 '메모의 기술'을 알고 싶다면, 하루라도 빨리 메모를 시작하면서 터득하는 방법밖에 없다. 메모를 하다 보면 자신에게 더 편하고, 시간도 절약하면서, 나중에 더 기억하기 쉬운 방법을 찾아가게 마련이다.

4장

일과 삶에서 주인으로 성장하기

완벽한 직장인의 필살 스킬 6가지

01

리더십

인간관계 전문가가 돼라

○

6년이 지나서야 리더십도 공부해야 한다는 것을 알았다. 천성이 착하다고 해서 좋은 리더가 아니다. 내가 경험한 바에 따르면 진정한 리더십은 노력해서 길러지는 것이다.

○

리더들은 퇴근할 때마다 생각해봐야 한다. 오늘 내가 몇 번의 회의를 하고 경영진에게 몇 번의 보고를 했느냐가 아니다. 오늘 몇 번의 책임 있는 결정을 했는지 생각해봐야 한다. 그 결정의 개수가 오늘 리더로서 일한 양이다. 단 하나도 결정하지 않았다면 하루 종일 아무 일도 하지 않은 것이다.

나는 2011년부터 '좋은 리더가 되기 위한 매뉴얼(Good Leader Manual)'을 만들기 시작했다. 이것은 내 주위의 관리자와 경영진을 직접 겪어보고 느낀 것을 정리한 것이다. 지금도 리더의 자격 요건에 관해 깨달은 것이 있을 때마다 추가로 업데이트하고 있다.

6가지 영역에서 리더가 갖추어야 할 요건을 적었는데, 하나하나마다 사연이 있다. 그리고 이것이 '완벽한 직장인이 일하는 방식'이라는 매뉴얼 중에서 가장 가슴 아픈 자료다. 사연의 개수가 퇴사한 직원들의 숫자이기 때문이다. 어찌 보면 신문에 나오는 각종 직장인 서베이와 같다. 내가 보기에도 일 자체보다 직장 동료나 상사와의 관계 때문에 회사를 떠나는 사람들이 더 많았다.

나는 입사하고 6년이 지날 때까지도 회사에서 왜 리더십 교육을 하는지 이해하지 못했다. 리더로서의 자질은 연차가 늘어나면서 저절로 생기는 것이라고 생각했기 때문이다. 팀장이 되면 당연히 리더가 되는 줄 알았다. 6년이 지나서야 리더십도 공부해야 한다는 것을 알았다. 천성이 착하다고 해서 좋은 리더가 아니다. 내가 경험한 바에 따르면 진정한 리더십은 노력해서 길러지는 것이다.

자기 일만 잘한다고 해서 전문가가 되고, 업계가 인정하는 상위 1퍼센트가 되는 것이 아니다. 미래 조직의 관리자로서, 내 사업의 주인으로서 리더의 자질을 갖추는 것도 프로 직장인이 갖춰야 할 조건이다. 나 혼자 잘해서 성공하는 회사는 없기 때문이다.

내가 만든 '좋은 리더가 되기 위한 매뉴얼'에는 82가지 리더의 조건이 적혀 있다. 리더로서 필요한 소양, 역할, 마음가짐, 관계 및 업무 방식 등에 관한 것이다. 내가 계속 메모 노트를 하는 한 그 숫자는 늘어날 것이다.

이 책에서 82가지를 모두 적을 수는 없다. 하지만 내가 생각하는 리더십의 근간을 이루는 단어가 하나 있다. 바로 책임이다. 책임에 대한 이해와 중요성을 깨우치지 못하면 리더십이 나올 수 없다. 자식에게 책임감이 없으면 누구도 자식을 키우기 위해 노력하지 않을 것이다. 조직이나 회사도 마찬가지다. 부하 직원에 대한 책임 의식이 없다면 리더의 자질을 갖출 필요도 없다. 어차피 내가 책임질 사람들도 아니니 말이다.

책임감 결여 vs 책임 회피

2017년 회사에서 조직문화에 대한 설문조사를 했다. 그룹 차원에서 하는 경우는 자주 있었지만 계열사 자체에서 진행한 것은 처음이었다. 설문지를 보니 새로 취임한 대표이사가 남달라 보였다. 설문 내용의 수준이 달랐던 것이다. 돈도 많이 들었을 것이다. 왜냐하면 20가지의 질문 하나하나에 강한 의지가 담겨 있었기 때문이다. 그리고 HR(인사관리) 전문가의 손길 또한 느껴졌다.

설문 조사 결과를 받아보니 놀라운 것들이 있었다. 리더십 관련 질문에 대한 직원들의 생각이었다. 하급자가 생각하는 상급자의 개선해야 할 부분에 대한 답변 중 '책임 회피'가 가장 많았다. 상급자의 '부족한 능력'이라는 답변은 생각보다 적었다. 그런데 상급자가 생각하는 하급자의 개선해야 할 부분 역시 대부분 '책임감 결여'라고 답변했다.

상급자는 책임을 지지 않으려 하고, 하급자는 책임감이 없다면, 과연 회사는 누가 책임을 진단 말인가. 그리고 상급자와 하급자 중 누구의 생각이 잘못된 것일까? 내가 만나본 성공한 CEO들을 머릿속에 떠올려보았다. 답은 이미 정해져 있었다. 상급자가 틀린 것이다. 스승이 못난 제자와 같은 수준에 머물러 있을 것인가. 자기 제자가 못났다고 비난만 할 것인가. 아니다. 스승이 먼저 최선을 다해야 한다. 그래야 모든 학생들이 따라 오지는 못하더라도 몇몇 학생들은 믿고 따를 것이다. 회사에서도 마찬가지다. 그 몇몇 학생들이 직장에서는 회사를 강하게 하는 프로 직장인들이다.

진짜 리더

내가 생각하는 리더의 모습은 이렇다. 리더는 자기를 따르는 조직원들보다 더 힘들고, 더 복잡하고, 더 어려운 것을 해결하는 사람이다. 앉아서 지시하는 사람은 리더가 아니다. 그 지시도 단순한 것이 아니라 합리적이고 정당한 가이드여야 한다. 그리고 그 가이드를 통해 얻어진 제안에 대해 반드시 책임이 수반되는 결정을 해야 한다.

리더들은 퇴근할 때마다 생각해봐야 한다. 오늘 내가 몇 번의 회의를 하고 경영진에게 몇 번의 보고를 했느냐가 아니다. 오늘 몇 번의 책임 있는 결정을 했는지 생각해봐야 한다.

그 결정의 개수가 오늘 리더로서 일한 양이다. 단 하나도 결정하지 않았다면 하루 종일 아무 일도 하지 않은 것이다.

그 결정하는 능력을 쌓기 위해 리더십을 공부하는 것이다. 물론 리더로서의 업무 능력은 리더십을 공부하기 전에 이미 익혀야 한다. 업무 전문성이 없는 리더십은 있을 수도 없고, 필요도 없기 때문이다. 실력은 없지만 리더십만 있으면 된다고 생각하면 큰 오산이다. 그런 사람은 밥만 잘 사주는 착한 동아리 선배나 다름없다.

리더십 매뉴얼 적기

내가 생각하는 프로 직장인이 리더십을 공부하는 방법은 한 가지다. 리더십 매뉴얼을 적는 것이다. 스스로 생각하는 리더의 자질과 필요한 요건들을 적어보라. 그리고 수시로 복습하면서 필요할 때마다 업데이트한다. 리더의 요건은 구구단처럼 외우려고 해도 외워지지 않는다. 계속 보면서 눈에 익히고, 결국 마음에 새기는 것이다. 그렇게 하면 마음속 리더의 모습으로 행동하게 된다.

메모할 것이 없다고 하는 사람은 스스로에 대해 다시 생각해보아야 한다. 예전에 직장 후배가 했던 말이 생각난다.

'우리 팀에는 돌아이가 없다고 말하는 사람은 자기가 돌아이라고 말하는 것과 같다.' 그 말을 리더에 적용해보면 다음과 같다. 리더에게 필요한 것이 무엇인지, 리더로서 무엇을 해야 하는지 적을 것이 없는 사람은 리더의 자격도 없으면서 리더의 자리에 있는 것이다.

02

자기관리
'회사 생활 원칙'을 만들어라

○

'회사 생활 원칙'은 언제 어디서나 실천하는 이유가 있다. 내가 모르는 사이 어디에서든 누군가는 나를 지켜보고 있기 때문이다. 그곳이 회사 내일 수도 있고, 회사 밖인 경우도 많다. 또한 모르는 사람이 나를 지켜보고 평가할 수도 있다. 이런 사람들이 무서운 것이다.

회사 인사팀에서 단체 이메일을 보내왔다. 당시 대표이사의 얼굴이 대문짝만 하게 첨부되어 있었고 '이분이 사장님이니 인사를 잘하라'는 내용이 적혀 있었다.

무슨 일이 있었는지 궁금해서 사내 소식통들에게 물어보니 몇몇 직원들이 복도나 엘리베이터에서 마주친 사장님께 인사를 하지 않아 사장님께서 언짢아하셨다는 것이었다. 사회생활을 하면서 기본적인 것을 지키지 못해 오해를 사거나 나쁜 평가를 받는 것을 보면 안타까울 뿐이다. 그 기본을 중요하게 생각하지 않기 때문이다.

기본의 기본, 자기관리

그 기본이 바로 자기관리다. 업무적으로 실력은 있는데 예의가 없는 사람은 봤어도, 예의 바른 사람이 업무 실력이 없는 경우는 보지 못했다. 기본적인 태도는 모두에게 인정받는 전문가가 되는 시작이기 때문이다.

앞에서 기본적인 태도를 갖추는 것은 프로 직장인에게 필요한 능력이라고 했다. 그 예의와 절차는 사회생활에서 사람과 사람을 이어주는 첫 단추가 되고, 상호 관계를 두텁게 하는 열쇠가 되기도 한다. 하지만 자라면서 배운 일상생활의 예의범절이 밑바탕이 될 수는 있지만, 사회생활을 하면서 변화시키고 발전시켜온 나름의 예의 방식도 있다.

예를 들어 당신이 구두에 먼지가 쌓인 채로 은행 일을 보러 갔다고 하자. 당신도 그 구두의 먼지를 크게 신경 쓰지 않을 것이며, 은행 직원도 특별히 신경 쓰지 않을 것이다. 하지만 당신이 먼지 묻은 구두를 신고 거래처 사장을 만나러 간다고 하면 어떻게 될까? 당신은 별 문제 아니라고 생각할 수도 있지만 그 사장은 다르게 생각할 것이다. 사업을 하는 사람이 갖추어야 할 기본적인 태도가 준비되지 않은 사람이라고 판단한다.

그리고 당신이 그 거래처 사장이라고 생각해보라. 나를 찾아온 상대의 먼지 쌓인 구두를 아무렇지 않게 생각하겠는가? 그렇다면 이런 말을 해주고 싶다. 당신이 '아무렇지 않다'고 생각하기 때문에 사장이 되지 못한 것일 수도 있다.

사업에서 이런 기본적인 태도는 그때그때 생각나면 하고, 아니면 말고 하는 식이 되어서는 안 된다. 그것은 기본적인 태도를 아예 지키지 않는 것과 같다.

하지만 매번 이러한 태도를 유지하는 방법이 있다. 기본적인 것들의 원칙을 세워두고 실행하면서 잘못되었다고 생각되면 수정하고, 새로운 원칙들을 찾아서 추가하는 것이다. 그리고 상대방이 보여주는 탁월한 언행을 내 원칙으로 발전시켜 나가는 것도 좋다.

이것이 프로 직장인의 자기관리 방식이다. 나는 그 기본적인 것들을 '회사 생활 원칙'이란 매뉴얼로 만들어두고 실행하면서 개선해가고 있다. 비록 매뉴얼의 명칭은 '회사 생활 원칙'이지만, 사회생활 전반에 걸쳐 적용할 수 있도록 상황별로 구분해서 관리하고 있다.

생수통은 과연 누가 갈아야 하는가?

'회사 생활 원칙'과 관련하여 소개하고 싶은 일화가 있다. 나는 해외 발령 전 투자 관련 사업부에서 몇 달 근무했다. 몇 주 지나서 곰곰이 생각해보니 나는 물을 많이 마시지도 않는데 생수통을 교체하는 적이 많았다. 혼자 떨어져 있는 내 자리에서는 2개 사업부의 생수대가 보였다.

하루는 작정하고 일하는 틈틈이 생수대를 지켜봤다. 그때가 입사 7년차였는데 하루 종일 생수대를 쳐다보기는 처음이었다. 그때 나는 정말 놀라운 광경을 목격했다. 여직원과 남자 직원 모두 자기 사업부의 생수통이 비어 있으면 교체할 생각은 하지 않고 다른 사업부의 생수통으로 가는 것이었다. 여직원들은 무거워서 들 수 없어서 그렇다 해도 남자 직원들도 마찬가지였다. 심지어 물을 먹지 않고 그냥 자기 자리로 돌아가는 사람도 있었다. 나는 한 번도 그런 적이 없다. 생수통이 비었으면 곧바로 내가 새 것으로 교체했다. 한참이 지나서야 사원 한 명이 생수통을 교체하는 것을 보고, 잠시 후 다가가서 물었다. 그는 입사 2~3년차쯤 되는 직원이었다.

"OO 씨, 지금 이 생수통을 왜 갈았어요?"

내 물음에 대한 그 사람의 대답은 간단했다.

"물통이 비어 있어서요."

그래서 나는 다시 물었다.

"그럼 OO 씨는 일주일에 생수통을 몇 번 가는 것 같아요?"

"매일 가는데요."

그날 내내 2개의 사업부를 지켜본 결과 양쪽 모두 하루 두 통 정도 마셨다. 그렇다면 이 사업부는 그 사람, 아니 그 사람 혼자만 거의 매일 생수통을 교체한다는 뜻이었다. 입사 연차만 보더라도 해당 사업부에 그 사람 밑으로 10명의 신입사원들이 있었다. 이후 나는 해외 발령을 받아 그 사업부를 떠났다. 당시에는 그 사람의 업무 능력이 어느 정도인지 알지 못했다. 하지만 회사에서 좋은 평가를 받았음을 알 수 있었다. 나중에 그 사람은 더 큰 계열사로 옮겨 해외법인에서 근무 중이었다.

'회사 생활 원칙'을 언제 어디서나 실천하는 이유가 있다. 내가 모르는 사이 어디에서든 누군가는 나를 지켜보고 있기 때문이다. 그곳이 회사 내일 수도 있고, 회사 밖인 경우도 많다. 그 누군가는 내 상사일 수도 있고 후임일지도 모른다. 또한 모르는 사람이 나를 지켜보고 평가할 수도 있다. 이런 사람들이 무서운 것이다.

하지만 이런 원칙들을 일부러 지키지 않을 때도 있다. 상대방과 관계를 정리해야 할 때다. 일을 하다 보면 정리해야 하는 관계도 있다. 일부러 예의를 지키지 않는다는 뜻이 아니다. 갑자기 관계를 무 자르듯이 정리할 수는 없다. 그 대신 서서히 내가 상대를 존중하지 않는다는 것을 보여주려고 한다. 사람들은 자기가 존중받지 못한다고 느끼고, 관심 밖의 존재라는 것을 알면 스스로 떠난다. 그렇게 해서 큰 잡음 없이 자연스럽게 관계가 마무리된다. 그렇다. '회사 생활 원칙'을 바탕으로 기본적인 태도를 지키는 일은 철저한 자기관리와 상대에 대한 존중이 없으면 할 수 없다.

회사 생활 원칙 10가지

끝으로 내가 정리한 '회사 생활 원칙' 10가지를 소개하고자 한다. 지금도 나는 100가지가 훌쩍 넘는 '회사 생활 원칙'을 지속적으로 업데이트하고 있다. 물론 예전처럼 빈도가 잦지는 않다. 그만큼 뇌리에 박혀 몸에 뱄기 때문이다. 그리고 10년 이상 프로 직장인으로 일하다 보니 어느 정도는 기본 이상의 자세를 갖게 되었다.

나의 '회사 생활 원칙' 중에는 '약속 시간 5분 전에 가라', '어떤 직급이라도 빈 생수통은 내가 교체한다', '사무실에서 신문을 절대 보지 않는다' 등 남들도 익히 아는 것들도 많다. 이 책에는 일반 직장인들이 좀 특이하게 생각할 만한 것들을 적어봤다. '특이하게 생각한다'는 것은 일반 직장인들은 거의 하지 않는다는 뜻이다. 분류명과 사유는 제외했다. '뭘 이렇게까지 해야 하나'라는 생각이 들 수도 있다. 하지만 나는 '이렇게까지' 했기에 프로 직장인이 되었다고 믿는다. 회사 안팎에서 깨달은 프로 직장인이 일하는 방식이다.

1. 거래처에서 밥을 사든, 상사가 법인카드로 밥을 사든, 후배가 밥을 사든 반드시 "감사합니다, 잘 먹었습니다", "고맙다, 잘 먹었어"라고 말한다. 생각하면서 먹어라.
2. 누가 나를 부를 때든, 내가 어디를 가든 언제나 반드시 적을 것을 들고 간다.
3. 내가 '갑'의 위치에 있어도 중요 업체 방문 시에는 절대 빈손으로 가지 않는다.
4. 상사 또는 후배와 함께 차를 타고 갈 때, 상대방이 운전할 경우 장거리 운전 시에도 절대 잠자지 않는다. 한숨 자라고 허락해도 절대 잠자지 않는다. 하품을 해서도 안 된다. 혓바닥을 깨물어라.

5. 업무 시간에는 인터넷을 1초도 하지 않는다. 무조건 업무만 한다.
6. 회사에서는 절대 술자리에서도 '형님', '동생'이라고 부르지 않는다. 상대방이 그런 호칭을 쓰는 것도 허락하지 않는다. 거래처도 마찬가지다.
7. 무슨 일이 있어도, 어떤 경우에도 회사에서는 화를 내지 않는다.
8. 점심시간에 절대 잠자지 않는다.
9. '바쁘다', '힘들다', 두 단어는 절대 쓰지 않는다.
10. 상사는 기본이고 후배한테도 내가 먼저 인사한다. 하루에 10번 마주치면 10번 다 인사한다.

03

메커니즘 이해

회사의 '위임전결규정'을 파악하라

○

프로 직장인은 이 시스템을 잘 알고 있다. 그리고 파악하는 수준을 넘어서서 시스템을 통찰하여 발전시킬 수 있다. 단지 파악만 할 뿐이라면 조직에 순응하는 사람이다. 통찰할 수 있어야 조직의 문제점을 바로잡고, 전체적으로 회사가 나아갈 방향을 찾아낼 수 있다.

앞에서도 말했듯이 업무 외적으로 리더의 자질을 갖추는 것도 중요하지만 자기관리 원칙을 만들어 실천하는 것도 필요하다. 여기에 한 가지 더 강조하고 싶은 것이 있다. 바로 조직역학을 이해하고 경영의 기초를 다지는 일이다. 그것을 배우고 익힐 수 있는 것이 회사의 규정집이다. 보통 기업들은 이것을 '위임전결규정'이라 부른다.

회사의 위임전결규정은 업무의 전문성을 위해 관련 법과 제도를 공부하는 것과는 다르다. 사업 관련 법과 제도가 업무의 시스템이라면, 위임전결규정은 회사를 운영하는 시스템이다. 프로 직장인이 되려면 이 회사 운영 시스템의 중요성을 알아야 한다. 이 시스템을 통해 회사라는 한 유기체의 메커니즘을 이해할 수 있기 때문이다. 이 시스템이 조직을 안정적이고 체계적으로 끌어가는 핵심이다. 따라서 이 시스템을 알면 회사 전체를 넓은 안목으로 볼 수 있다.

시스템이 무엇인지 해답을 찾는 데 10년이 걸렸다

회사에서 윗사람들은 항상 '조직은 시스템으로 돌아간다'고 이야기한다. 처음에는 솔직히 그 말뜻을 이해하지 못했다. 그 시스템이 도대체 무엇인지도 몰랐다. 그래서 친분이 있는 부장과 임원들에게 직접 물어보기도 했는데, 가장 많이 돌아온 대답이 조금 재미있다.

"지금 우리가 하고 있는 것."

당연히 무슨 말인지 알 수 없었다. 그렇게 시간이 흘렀다. 입사 후 10년이 지날 때쯤 나는 부하직원들에게 전혀 막힘없이 회사 업무 프로세스를 설명할 수 있었다. 내가 회사의 위임전결규정을 거의 외우고 있다는 생각이 들었다. 복무 전반에 관한 공통 업무, 예산과 투자 등의 기획 업무, 인사, 총무, 회계, 관리를 포함한 지원 업무, 수출입과 국내 거래를 아우르는 영업 업무까지 말이다.

밤을 새워 외운 것도 아닌데 내 머릿속에 박혀 있었다. 그때 깨달았다. 그리고 윗사람들의 답변이 맞다는 것도 알았다. 지금 내가 하고 있는 것, 규정에 의해 무엇인지도 모르고 매일 절차에 따라 하고 있는 것, 그것이 우리 회사의 시스템이었다. 규정이라는 조직원들 간의 약속을 통해 회사가 돌아간다. 기업에서는 사장이 결정하는 것이 아니라, 조직과 시스템이 결정한다고 말하는 것도 이런 맥락이다.

프로 직장인은 이 시스템을 잘 알고 있다. 그리고 파악하는 수준을 넘어서서 시스템을 통찰하여 발전시킬 수 있다. 단지 파악만 할 뿐이라면 조직에 순응하는 사람이다. 통찰할 수 있어야 조직의 문제점을 바로잡고, 전체적으로 회사가 나아갈 방향을 찾아낼 수 있다. 그 통찰이라는 것은 위임전결규정의 한줄 한줄이 무엇을 의미하는지 아는 것이다.

숫자 하나로 미래를 본다, 미화 50만 달러와 3만 달러

해외법인을 운영한 지 1년쯤 지났을 때 본사에서 이메일 하나를 보내왔다. 해외법인의 위임전결규정을 개정할 예정이니 검토하고 의견을 달라는 내용이었다. 직장인들은 모두 알겠지만 관리팀에서 검토하라는 이메일은 통보와 같다. 관리팀에서 결정한 내용을 영업 조직에서 검토해 수정하기는 쉬운 일이 아니다. 개정 내용 중 가장 중추적인 것은 해외법인장의 권한 축소였다. 이런 사항은 더욱 검토할 여지가 없었다. 권한을 늘리는 것에 검토 의견을 달라는 것도 아니고, 축소하는 내용을 검토하라는 것은 가만히 있으라는 뜻이다.

권한 축소 내용 중 나의 눈을 의심하게 한 것은 구매 한도와 수출 한도 부분이었다. 미화 50만 달러(한화 약 5억 원)의 법인장 전결을 미화 3만 달러(한화 약 3,000만 원)로 낮추는 것이었다. 미화 3만 달러 이상의 거래는 본사 관리팀과 유관 팀 세 곳을 거쳐 해당 사업부장 전결로 바뀌는 내용이 추가된 것이다. '그럼, 바뀐 규정대로 하면 되지'라고 생각하면 안 된다. 이 개정은 나에게 사업을 하지 말라는 것과 같기 때문이다.

내가 맡고 있던 해외법인은 현지 업체로부터 원료를 사서 가공 생산하여 해외 중소·중견 기업에 수출한다. 대부분의 거래가 건당 3만 달러가 넘었다. 바뀌는 규정으로는 내가 실시간으로 업체들을 대응할 수 없었다. 시장가격이 매일 변하는 상황에서 어떤 원료업체가 내 결정을 이틀 동안 기다리겠는가. 그리고 물건이 급한 상황에서 어떤 바이어가 계약서 서명을 이틀이나 기다리겠는가. 나는 담당 사업부장에게 연락해서 상황의 심각성을 전달했다. 다행히 본사 사업부에서 매입 매출 관련 권한 축소 내용을 대부분 원점으로 돌렸다. 다만 놀라운 것은 이런 이슈를 본사에 강력히 이야기한 사람은 나뿐이라는 사실이었다.

규정을 수정하는 데는 이유가 있다. 반드시 연관된 사건과 사고가 있고 관련된 이슈가 있게 마련이다. 그리고 그 변화에 대한 결과도 있다. 그 결과를 사전에 읽어내야 한다. 이것이 통찰이다. 아무리 잘 짜인 규정이라도 항상 완벽하게 적용되지는 않는다. 시대에 맞게 그 시스템의 발전 방향을 볼 줄 아는 것도 통찰이다.

나는 다른 생산 업종과 서비스 업종의 대기업과 중견 기업들이 보유하고 있는 규정도 힘들게 구해서 검토해보았다. 그 규정집의 명칭은 각기 다르지만 한 가지는 확실했다. 그 회사가 운영하는 사업의 세세한 부분까지는 알 수 없어도 최소한 운영 수준이 보인다는 것이다. 그리고 어느 회사가 더 열린 경영을 하는지 그리고 어느 곳이 더 닫힌 조직인지 서로 비교할 수 있다.

위임전결규정의 내용 하나하나는 오랜 회사 운영의 결과물이다. 몇 년 또는 몇십 년간 수차례 경영진과 관련 팀들이 심사숙고해서 수정하고 보완하고 추가한 것이다. 단순한 규정집이 아니라 회사의 실체와 내 사업의 위치, 더 나아가 내가 해야 할 일들이 보인다. 그것이 보이지 않는 사람은 아직 프로 직장인이 아니다. 똑같은 신문기사를 보고 어떤 사람은 투자를 결정하고, 어떤 사람은 '아, 그렇구나' 하고 지나치는 것과 같은 이치다.

이런 이유에서 아무리 좋은 시스템을 갖추고 있는 회사라 해도 훌륭한 인재가 필요하다. 규정을 순순히 따르기만 하는 사람이 아니라, 그 규정을 유연하게 운용할 줄 아는 사람이 필요한 것이다. 그 사람이 프로 직장인이다.

04

문제해결력
1시간 딥싱킹을 하라

○

딥싱킹은 어떤 문제에 대한 해결책을 찾기 위해 두뇌를 풀가동해서 전후좌우를 살펴보고, 가까이에서 또는 멀리에서도 바라보고, 생각의 깊은 곳까지, 내가 할 수 있는 한 끝까지 가보는 것이다.

40년 넘게 살아오면서 어떤 단어 하나를 생각해내는 데 이렇게 많은 시간을 소비한 적이 없을 것이다. 나도 이 방식을 한 번도 어떤 단어로 불러본 적이 없기 때문이다. 그것은 바로 문제를 해결하는 '딥싱킹(Deep Thinking)'이다. 업무를 하다 보면 다양하고 많은 문제에 맞닥뜨리게 된다. 그 문제를 해결할 최선의 방법을 도출해 내기 위해 생각하는 방식이 바로 딥싱킹이다.

어찌 보면 간단한 방법이다. 하지만 누구나 할 수 있는 것은 아니다. 딥싱킹은 어떤 문제에 대한 해결책을 찾기 위해 두뇌를 풀가동해서 전후좌우를 살펴보고, 가까이에서 또는 멀리에서도 바라보고, 생각의 깊은 곳까지, 내가 할 수 있는 한 끝까지 가보는 것이다. 그렇게 하면 정말로 해답이 나온다. 깔때기에 비유하면 이해하기 쉽다. 문제와 관련된 모든 것을 머릿속으로 끌어와서 뒤섞고, 앞뒤로 맞추고, 배열하고, 결합하여 결과물 하나가 깔때기 밑으로 빠져나오는 것이다.

딥싱킹은 여러 가지 방법을 찾는 것이 아니다. 그것은 딥싱킹이 아니다. 딥싱킹은 최선의 방법 단 하나를 찾는 과정이다. 실제로 해보면 놀라운 효과를 경험하게 될 것이다. 그런데 딥싱킹에는 한 가지 조건이 있다. 1시간 이상 해야 한다는 것이다. 내가 경험해본 결과 20~30분 딥싱킹으로는 최선의 해답을 찾을 수 없었다. 생각이 깊숙이 들어가려다가 멈추는 경우가 많았다. 자기 업무에서 직면한 문제에 대해 1시간의 딥싱킹으로 최선책을 찾는 것이 바로 프로 직장인이 일하는 방식이다.

딥싱킹, 어떻게 해야 하는가?

딥싱킹을 해야 할 문제는 다양하다. 앞에서 설명한 메모처럼 딥싱킹의 대상도 물건일 수도 있고, 상황일 수도 있고, 사람일 수도 있다. 하지만 수년 동안 딥싱킹을 해본 결과 대상에 상관없이 어느 정도 문제들의 그룹화가 가능했다. 개략적으로 총 3개의 그룹으로 나눌 수 있는데, 각 그룹마다 딥싱킹 방식도 조금씩 다르다.

첫째는 '하느냐, 마느냐(Yes 또는 No)'의 문제다. 기계나 장치를 구매하는 것이나 계약을 체결하느냐 마느냐 하는 문제도 이 그룹에 속한다. 이런 종류의 문제들을 딥싱킹할 때는 양쪽의 좋은 점과 나쁜 점을 비교한다. 내 머리를 쥐어짜서 좋은 점과 나쁜 점을 최대한 많이 찾아 나열한 다음 머릿속에서 점수화하고 결정하는 것이다.

둘째는 '어떻게 하는가(how)'의 문제다. 이 경우에는 최선의 플랜을 찾기 위해 딥싱킹을 해야 한다. 이때는 과거에 직접 해본 것들과 지금 하고 있는 것들, 그리고 듣고 본 것들을 머릿속에서 전부 끄집어내어 조합한다. 예를 들어 직원 관리에 대한 문제나 제품의 품질 향상에 대한 문제가 이 그룹에 포함된다.

셋째는 '없는 것을 만드는 것(new)'의 문제다. 이것이 가장 어려운 딥싱킹이다. 이때는 해당 문제와 관련된 모든 것들을 치밀하게 결합해서 창조해야 한다. 예를 들어 해외법인에서 브랜드 제품을 만들지 않고 OEM만 하다가 결국은 자체 상품을 만들어내는 것과 같은 문제들이다.

다음 사진은 수출용 농산물의 외포장으로, 두 제품의 로고와 디자인은 오랜 기간 딥싱킹을 통해 내가 직접 제작한 것이다. 북미와 유럽 바이어를 대상으로 아시아 고객층, 특히

딥싱킹을 통해 제작한 수출용 농산물의 외포장

중국 이민자에 초점을 맞춰 단계별로 딥싱킹을 했다. 그리고 기존 바이어와 신규 미팅 업체들을 상대로 검증 과정을 거쳐 얻어낸 결과물이다. 이렇게 딥싱킹으로 내가 해보지 않은 것, 내게 없던 것을 만들었다. 총 5개월간 딥싱킹을 했고, 두 제품을 4개국에 수출했다.

어떤 CEO의 딥싱킹

한번은 미국 바이어와 식사하는 자리에서 그에게 취미가 뭐냐고 물어본 적이 있다. 그는 비행기를 타는 것이라고 했다. 나는 그 사람이 '해외 출장을 많이 다녀서 그런가 보다' 하고 짐작했다. 하지만 실제 이유는 그것이 아니었다. 그는 생각하기 위해 비행기를 탄다고 했다. 언젠가부터 그는 사업과 관련해서 깊이 생각할 것이 있을 때는 전화도 안 되고 이메일도 볼 수 없는 비행기 안에서 가장 효과적이며 좋은 방법을 찾게 되었다고 했다. 미국 내에서는 어디를 가든, 심지어 휴가 중에도 업무와 관련해서 하루 수십 통의 전화를 받아야 하는데, 비행기 안에서는 받을 수가 없으니 생각에 집중할 수 있다는 것이었다.

미국 이민 1세대인 그는 고향인 광저우 왕복 비행기의 비즈니스석에 앉아 한 번에 10시간 넘게 딥싱킹을 했다. 그는 30년 지기 친구 몇 명과 저녁을 먹으러 뉴욕에서 광저우로 가는 것이 아니라고 덧붙였다. 딥싱킹을 하러 간 김에 친구들 얼굴 한번 보는 것이라고 말이다. 나는 '돈이 아깝지 않으냐?'고 물어보지는 않았다. 왜냐하면 나는 이미 알고 있기 때문이었다. 그는 비행기값 300만 원보다 몇십 배 더 많은 돈을 벌거나 아낄 수 있는 방법을 그 비행기에서 찾았을 테니 말이다.

나는 오늘도 저녁 10시 무렵이면, 우리 집 소파에 몸을 묻는다. 1시간가량 딥싱킹을 하려면 당연히 조용한 분위기가 조성되어야 한다. 그래서 아내와 가장 큰 방해꾼인 아들이 잠든 10시 이후가 좋다. 옆에는 물 한 병과 개인 메모 노트를 놓는다. 개인 메모 노트에는 딥싱킹 중에 찾아낸 중요 포인트를 적기도 하지만, 딥싱킹을 중간에 끊어야 할 때 어디까지 생각을 파고들었는지 적어두는 것이 더 중요하다. 최선의 해답을 찾기 위해 딥싱킹을 시작하지만 밤새도록 딥싱킹만 하고 있을 수는 없다. 잠을 자야 내일 또 일을 할 수 있을 테니 말이다.

그런 점에서 나에게는 좋은 습관이 하나 있다. 머리라는 기계를 풀가동시켰다가 멈추는 연습을 많이 하다 보니 입면 시간도 빠르다. '이제 자야지' 하고 침대에 누우면 마치 머릿속에 전등 스위치를 끈듯이 몇 초 만에 잠이 든다. 프로 직장인이 일하는 방식, 딥싱킹을 해보라. 개인적인 일상에도 도움이 되는 것이, 불면증 걱정은 하지 않아도 된다.

05

성장
안주하지 말고 계속해서 자기계발을 하라

○

능력은 시간이 지나면 녹슬게 마련이다. 꾸준히 갈고닦지 않으면 능력이 멈춰 있는 것이 아니라 남들에게 뒤처진다. 그리고 모멘텀은 시간이 지나면서 가치가 바랜다. 지금 당장 시장의 흐름과 변동을 타지 못하면 과거의 정보는 쓸모없게 된다는 것이다. 그러므로 자기계발을 위해 끊임없이 노력해야 한다.

○

처음부터 쉽게 살고자 하는 사람과 자기계발을 즐기는 프로 직장인의 삶은 분명 다를 것이다. 5년 후에 지식과 경험의 깊이가 다를 것이며, 10년 후에는 직장과 사회에서 그 위치가 다를 것이다. 나중에 회사를 떠날 때쯤에는 삶의 무게가 다를 것이며, 후회의 크기가 다를 것이다.

해외법인을 맡고 있을 때는 손님들을 모실 기회가 많았다. 다른 경쟁 업체를 방문하려는 목적으로 왔다가 나를 찾아오는 경우도 있었지만, 대부분 내 법인을 보기 위해 오는 사람들이었다. 내 제품을 구매하는 사람, 앞으로 살 사람, 또는 그냥 나를 보기 위해 오는 사람도 있었다. 손님들이 오면 나는 꼭 호텔방까지 안내한다. 하루 이틀 머무르는 동안 마실 음료를 작은 종이 가방에 넣어서 건네고, 짐을 들어주는 호텔 벨보이의 팁도 내가 줘야 하기 때문이다. 이것 또한 나의 '회사 생활 원칙'이다.

손님들이 '간단히 차나 맥주를 한잔하자'며 지갑을 꺼내려고 가방을 열 때 보면 대부분 책이나 잡지가 있다. 나는 그들이 긴 비행시간 동안 무료함을 달래기 위해 시간 때우기로 책을 읽는다고 생각하지 않는다. 나중에 물어보면 대개 어떤 식으로든 자신의 사업과 관련된 책이나 잡지인 경우가 많았다. 그래서 나는 그들이 비행기 안에서도, 국경을 넘나드는 고속버스 안에서도 시간 낭비를 하지 않고 항상 무언가를 하고 있다고 생각했다. 그 짧은 시간도 허투루 보내지 않고 자기계발에 사용하는 것이었다.

지금 사무실에서 하는 업무자체를 공부하는 것은 자기계발이 아니라 업무를 깊이 파고드는 것이다. 반면 자기계발이란 내 업무를 둘러싼 부수적인 지원 요소들을 발달시키고 전문성 향상에 도움이 되는 것들을 배우는 것이다. 업무를 깊이 파고드는 것과 자기계발을 쉽게 구분하는 방법이 있다.

예를 들어 자신이 자기계발이라고 생각하는 공부를 지금 사무실에서 하고 있다고 하자. '사무실에서 해도 아무 문제 없을 것 같은데'라고 생각하는 것은 업무를 하는 것이다. 하지만 사무실에서 사람들이 보고 '뭐, 이런 것까지 공부하냐고 할 것 같다'는 생각이 들면 자기계발이다. 반면 '사무실에서 하면 혼날 것이 뻔한데'라는 생각이 드는 것은 업무도, 자기계발도 아닌 쓸데없는 짓이다.

나는 자기계발을 2가지로 분류해서 진행한다. 하나는 프로 직장인에게 필요한 능력을 발달시키는 것이고, 다른 하나는 내 사업의 추세를 따르기 위한 모멘텀(momentum)을 유지하는 것이다. 여기서 중요한 것이 하나 있다. 이 2가지 자기계발은 지속적으로 계속해야 한다는 것이다. 왜냐하면 능력은 시간이 지나면 녹슬게 마련이기 때문이다. 꾸준히 갈고닦지 않으면 능력이 멈춰 있는 것이 아니라 남들에게 뒤처진다. 그리고 모멘텀은 시간이 지나면서 가치가 바랜다. 지금 당장 시장의 흐름과 변동을 타지 못하면 과거의 정보는 쓸모없게 된다. 그러므로 자기계발을 위해 끊임없이 노력해야 한다. 끝없는 자기계발, 이것이 프로 직장인이 일하는 방식이다. 이런 자기계발은 보통 책에서 시작된다.

프로 직장인에게는 어떤 능력 계발이 필요한가?

프로 직장인이 자기계발을 통해 갈고닦아야 할 첫 번째 능력은 무엇일까? 사장 마인드를 가진 프로 직장인을 생각해보면 금방 답이 나올 것이다. 내 분야에서 최고의 전문성을 갖추면서 큰 그림을 보는 안목으로 경영하는 자세를 가지려면 어떤 능력이 필요할지 생각해보면 된다. 내가 배우고 깨달음을 얻기 위해 읽은 책들은 경영, 마케팅, 인사·조직 운영, 영업, 협상, 리더십, 기획, 투자, 생산관리, 재무회계, 디자인 등 다양하다. 하지만 사장 마인드를 갖기 위해서는 그 책들만으로도 부족하다. 아니, 만족하는 경우는 앞으로도 없을 것이다.

나에게 필요한 능력을 모두 직접 키우고 싶다. 전문가들을 찾아가거나, 교육을 받거나, 아니면 전화를 걸어서 물어보고 싶기도 하다. 하지만 그러기는 쉽지 않다. 누구나 마찬가지일 것이다. 바쁜 사회생활에서 시간 제약이 많고, 때로는 거리가 너무 멀어서 물리적인 제약도 있다. 그래서 처음에는 책을 읽는다. 그리고 나중에 필요하면 강연도 가고, 온라인 강의도 듣고, 오프라인 교육에도 참여한다.

읽으면 좋은 책을 직접 소개하기보다 책 고르는 법에 대해 설명하고자 한다. 내가 책을 고르는 방법에는 일정한 기준이 있다. 내가 원하는 능력이나 경험을 갖춘 사람들에게 직접 배우고 싶지만 시간적으로나 물리적으로 한계가 있기 때문에 그 대안으로 책을 보는 것이다. 그렇기 때문에 그런 경험을 갖추지 못한 사람들이 쓴 책을 읽을 이유가 없다. 자신이 직접 경험한 것이 아니라 다른 사람의 경험을 빌려서 책을 쓰는 사람들이 의외로 많다.

나는 맨 먼저 저자의 약력을 자세히 살펴본다. 그리고 약력에 적힌 회사나 기관, 단체가 생소할 경우에는 반드시 인터넷으로 검색해본다. 유명한 사람이 쓴 책이라고 해서 나의 목적에 맞는 것은 아니다. 외국 명사들의 이름을 늘어놓으면서 그들이 했던 말들을 인용하는 책도 나에게는 좋은 책이 아니다. 내가 얻고자 하는 능력과 경험을 실제로 가지고 있는 사람이 쓴 것이야말로 나에게 필요한 책이다.

글을 읽는 것이 아니다, 내 사업의 모멘텀을 읽어라

그렇다면 모멘텀과 관련된 글은 어디서 찾아야 하는가? 모멘텀을 읽을 수 있는 글은 대체로 책에서는 찾을 수 없다. 일부는 책에 실려 있기도 하지만 출판하기까지 준비 기간을 생각하면 시시각각으로 변하는 사업의 추세를 실시간으로 반영하기는 어렵다. 그 글이 어디에 있는지는 3장 '행사' 부분에서 설명한 것과 같다. 행사를 찾을 수 있는 곳에 모멘텀을 읽을 수 있는 방법도 있기 때문이다.

내 사업과 관련된 협회, 기관, 기업체 등에서는 일간지, 주간지, 월간지, 소식지, 정보지 등의 이름으로 발행하는 책자들이 있다. 그리고 관련 사업 분야에 대한 국제시장 정보와 가격 등을 볼 수 있는 해외의 유·무료 인터넷 사이트가 있다. 이곳에서도 자체 제작한 기관지나 정보지를 판매한다. 이런 곳에서 내 사업의 과거와 현재 그리고 미래를 다양한 글로 전달한다.

그 책자들과 홈페이지에는 내 사업과 관련된 새로운 소식과 이슈, 사건과 사고, 변화, 분석, 예측, 비교, 평론이나 사설 같은 글들이 가득하다. 한 번에 읽으려야 읽을 수도 없을 정도로 넘쳐난다. 따라서 모멘텀을 읽는 일은 조금씩 최대한 자주 하는 것이 좋다. 왜냐하면 한 달에 한 번 몰아서 그 흐름과 변동을 따라가다 보면 너무 벅차서 중간에 포기하게 된다. 틈틈이 활용할 수 있는 시간을 이용하면 좋다. 점심시간이나 외근을 나가는 길에 지하철에서 책자를 읽는다. 후임과 함께 차량으로 이동할 때 운전 중인 후임에게 내용을 읽어주면서 정보를 공유하는 것도 좋다. 특히 모멘텀을 읽는 일은 회사에서 직급이 올라갈수록 반드시 해야 한다. 개인 사업을 하는 사람은 당연히 해야 하는 일이다. 윗사람이 국내외 사업의 현황을 꿰고 있어야 아랫사람들을 가이드할 수 있기 때문이다. 하지만 신문은 권하지 않는다. 어차피 회사에서는 신문을 보지 않는다는 것이 나의 '회사 생활 원칙' 중 하나이기도 하지만, 사업 관련 모멘텀을 읽을 수 있는 기사가 신문에 실리거나 상세히 다뤄지는 경우는 지극히 드물기 때문이다.

자기계발을 즐겨라

자기계발의 시작은 나에게 부족한 것이 무엇인지를 먼저 깨닫는 것이다. 가장 힘들고 하기 싫은 능력부터 발전시켜 나가야 한다. 그래야 용기가 생기고 자신감이 붙는다. 또 한 가지 중요한 점은 자기계발에도 목표가 있어야 한다는 것이다. 프로 직장인으로서 업무의 전문성을 최고 수준으로 높이는 것과 같이 모든 능력을 최고 수준으로 높이는 것을 목표로 삼으라는 게 아니다. 하지만 각 능력마다 목표를 설정해두면 방향성을 잃지 않는 데 도움이 된다. '마케팅은 이 정도 수준으로 충분하다', '조직관리는 이 정도까지 해두면 기본은 될 것이다', 이런 식의 '어느 정도', '어느 수준'을 스스로 정해두는 것이 좋다. 그렇지 않으면 이 책 저 책에 치이기 십상이다. 그리고 어떤 능력을 어디까지 쌓았는지 스스로도 알지 못한다. 그런 식으로 자기계발을 하면 아무런 성과도 얻지 못한다.

사업의 현황과 환경은 늘 변화하고 발전하기 때문에 자기계발로 얻어진 결과물도 함께 변화하고 발전해야 한다. 지금 가진 능력이 언제까지나 최고가 될 수 없고, 지금의 모멘텀이 영원한 것은 아니다. 따라서 뒤처지지 않는 방법은 오직 하나다. 그 변화와 발전을 따라 계속 자기계발을 하는 것이다. 끝

없는 자기계발만이 전문가로 가는 길임을 스스로 깨닫게 될 것이다.

누군가는 이렇게 말할지도 모른다. "월급 받으면서 그냥 시키는 일만 하면 되지, 없는 시간까지 쪼개서 힘들게 살아야 하나." 이런 의견에 반대하고 싶은 마음은 없다. 그런 삶을 원하는 사람들은 그렇게 살면 된다. 하지만 한 가지는 꼭 말해주고 싶다. 프로 직장인에게는 이렇게 사는 것이 즐겁고 보람되다. 결코 힘들지 않다는 것이다.

처음부터 쉽게 살고자 하는 사람과 자기계발을 즐기는 프로 직장인의 삶은 분명 다를 것이다. 5년 후에 지식과 경험의 깊이가 다를 것이며, 10년 후에는 직장과 사회에서 그 위치가 다를 것이다. 나중에 회사를 떠날 때쯤에는 삶의 무게가 다를 것이며, 후회의 크기가 다를 것이다. 이 무게와 크기를 확인하기 위해 나는 퇴직한 사람들을 찾아다니는 것이다.

06

지도
고수를 찾아가 겸허한 마음으로 배워라

○

경영과 인생에 대한 통찰에는 하나의 전제조건이 있다. 먼저 나를 돌아보고 검증하는 시간이 필요하다는 것이다. 이 일련의 과정들은 혼자서 할 수 없다. 마치 거울 앞에 있는 내 모습이 최고인 것처럼 보여도, 다른 사람들 눈에는 부족해 보일 수 있는 것처럼 말이다. 그러므로 나에게 도움을 줄 고수를 찾아가야 한다.

○

그 고수를 마주 대할 준비가 되어 있어야 한다는 것이다. 고수를 만나기 위해 열심히 노력해야만 고수를 알아볼 수 있다는 뜻이다. 그래야 고수에게 물어볼 질문을 만들고, 그 답변에서 원하는 것을 얻을 수 있다.

1장에서 왜 프로 직장인이 되어야 하는지 그 이유를 설명했다. 여러 가지 이유가 있겠지만 결국 목표는 하나다. 내 인생의 주인으로 살기 위해서다. 직장인이든 개인 사업가이든 현재 모습은 크게 중요하지 않다. 업무의 전문성만으로는 내 인생의 주인으로 살기에 부족하다. 내 인생의 주인으로 살기 위해서는 경영과 인생을 배워야 한다. 회사에서 배운 시스템과 조직 내에서의 삶과 인간관계로는 부족하다.

그리고 경영과 인생에 대한 통찰에는 하나의 전제조건이 있다. 먼저 나를 돌아보고 검증하는 시간이 필요하다는 것이다. 이 일련의 과정들은 혼자서 할 수 없다. 마치 거울 앞에 있는 내 모습이 최고인 것처럼 보여도, 다른 사람들 눈에는 부족해 보일 수 있는 것처럼 말이다. 그러므로 나에게 도움을 줄 고수를 찾아가야 한다. 고수를 찾아가서 자신을 점검해보고, 경영을 배우고, 인생을 깨우치는 것 또한 프로 직장인이 일하는 방식이다.

고수란 누구인가?

내가 업무적으로 찾아가는 외부 사람들이 있다. 이들은 대부분 해당 분야의 전문가들이다. 하지만 내가 말하는 고수는 전문가 다음 단계에 있는 사람들이다. 업무 전문성을 넘어 고수의 반열에 오른 사람들, 높은 곳에서 안정을 이룬 사람들 말이다. 고수가 하수를 찾아오는 경우는 드물기는 해도, 나를 찾아오는 귀인 중에 고수가 있기도 하다. 극소수이기는 하지만 말이다.

고수를 만났을 때 무턱대고 '가르침을 주십시오'라고 할 수는 없다. 그런 사람에게는 고수를 만날 기회조차 없을 것이다. 깨달음은 오직 질문을 통해서만 얻을 수 있다. 그 질문은 내가 해온 것들을 총정리하고, 마지막 지도(final touch)를 얻을 수 있는 것이어야 한다. 그 마지막 지도에 경영과 인생에 대한 고수들의 내공이 담겨 있다.

따라서 이런 고수들과는 상세한 업무에 대해 이야기를 나누지 않는다. "매출이 얼마나 되십니까?", "시장 상황이 어떻다고 보십니까?" 하는 질문이 결코 아니다.

고수에게 묻는 질문

내가 만든 매뉴얼 중에는 '성공 CEO 질문지'라는 것이 있다. 전문성이 뛰어나다거나 돈이 많다고 해서 성공한 CEO는 아니다. 진정한 경영인의 마인드와 자기 인생의 주인으로 살고 있는 사람들, 그런 고수들이 성공한 CEO다. 고수에게 던지는 질문 중에 몇 가지를 소개하고자 한다. 간단해 보이지만 많은 중소·중견 기업 CEO들을 만나는 과정에서 고민하고 깨달으며 작성해온 질문들이다.

나는 고수가 아닌 사람들에게 이런 질문을 한 적이 없다. 고수들은 이것이 어떤 질문인지 이해할 뿐 아니라 내가 왜 이런 질문을 하는지도 잘 안다. 그래서 친분이 두터운 관계가 아닌 경우에는 난처하거나 꺼려질 수 있는데도 나의 질문에 그들 모두가 답변해주었다. 또한 나는 일반 직장인이나 일반 사장들에게도 이런 질문을 하지 않는다. 분명 나를 이상한 사람으로 볼 것이다.

그리고 다시 한 번 강조하고 싶은 것이 있다. 이 질문들은 내가 만나는 고수들을 평가하기 위한 것이 아니다. 고수들의 답변으로 나 자신을 검증하고, 나 스스로 평가하고 지도를 받기 위해서다. 개개의 질문마다 의미와 이유가 있다. 그 답변을 통해 내가 무엇을 깨닫는지 알고 물어본다는 것이다. 그 이유는 굳이 설명하지 않겠다. 독자들 스스로 생각해보기 바란다.

- 지금 하고 계신 사업은 어떻게 시작하게 되셨는지요?
- 성공하면 꼭 하고 싶었던 일들은 무엇입니까?
- 회사를 운영하면서, 그리고 인생에서 가장 힘들었던 시기는 언제입니까?
- 어떤 취미 생활을 가지고 계신가요? 보통 여가 시간에는 무엇을 하십니까?
- 인생이나 사업에서 좌우명이 무엇인가요?
- 직원들은 어떤 자질과 능력을 보고 채용하나요?
- CEO의 가장 중요한 자질은 무엇이라고 생각하십니까?
- 자제분들은 현재 무엇을 하고 있고, 어떤 일을 했으면 좋겠다고 생각하시는지요?

이런 고수들은 업무적인 것을 넘어서서 인생의 큰 인적

자산이다. 내 업무와 관련이 있든 전혀 상관없든 간에 이런 고수들은 내가 외국에 나가 있을 때도 서로 종종 연락하고 만난다. 너무나 죄송하게도 그분들이 먼저 연락하는 경우가 많다. 그리고 내가 다니던 회사를 떠난 이후에도 지금까지 관계를 계속 이어가고 있다.

고수 알아보기

'내가 만나는 사람이 고수인지 어떻게 아느냐'고 물어본다면 명확하게 답변할 수 없다. 처음 찾아간 사람들을 보고 어떤 능력과 어떤 전문성을 가지고 있는지조차 파악하기 힘들다. 하물며 그다음 단계인 고수를 알아채기가 쉬울 리 없다. 하지만 마주 앉아 이야기를 시작하고 얼마 지나지 않아 느낄 수 있다. 유도에서 상대가 내 도복 깃을 움켜쥐고 한 번만 흔들어도, 복싱에서 시작 종소리와 함께 상대가 날리는 가벼운 첫 잽을 맞았을 때 감이 오듯이 말이다. 내가 해볼 만한 상대인지 아닌지 알 수 있다. 그리고 만남이 끝날 때쯤 확실해진다. 하지만 나의 첫 번째 질문부터 고수의 답변을 하는 사람들도 있다.

그리고 무엇보다 중요한 점은 나도 그 고수를 마주 대할 준비가 되어 있어야 한다는 것이다. 고수를 만나기 위해 열심히 노력해야만 고수를 알아볼 수 있다는 뜻이다. 그래야 고수에게 물어볼 질문을 만들고, 그 답변에서 원하는 것을 얻을 수 있다. 나 역시 고수를 만나기 위해 많은 노력을 했다. 전화기 너머로, 아니면 이메일 몇 줄로, 고수들에게 내가 준비되었다는 것을 전달했다. 그랬기에 그분들도 나와의 만남을 허락한 것이다.

이 정도는 해야 완벽한
직장인이라 할 수 있다

좋은 리더가 되기 위한 매뉴얼

시중에는 리더십 관련 책들이 많이 나와 있다. 리더십에 대한 고민이 정점에 이르렀을 때 리더십 관련 책들을 닥치는 대로 사서 읽어보기도 했다. 하지만 뭔가 부족했다. 나에게 딱 맞아떨어지는 것이 없었다.

그래서 메모 노트를 모두 꺼내서 만들기 시작한 것이, 앞에서도 언급한 '좋은 리더가 되기 위한 매뉴얼(Good Leader Manual)'이다. 6가지 영역에서 리더에게 필요한 자질과 요건을 정리해두고 지금까지 이것을 지켜가고 있다.

이 매뉴얼을 만들면서 생각한 리더는 사장 마인드를 갖춘 사람이다. 작은 팀의 리더이든, 큰 조직의 리더이든 규모는 중요하지 않다. 그리고 자기 회사에서 리더가 되든, 아니면 직장인으로서 리더가 되든 마찬가지다. 사장 마인드를 갖고 있는 리더만이 팀워크의 중요성을 알고, 가족 같은 회사를 만들 수 있다. 그렇지 않은 사람은 리더로서 자격이 없다. 아버지 노릇도 못하면서 무슨 형제자매 간의 우애를 논하겠는가.

'좋은 리더가 되기 위한 매뉴얼'의 핵심은 리더의 '책임 있는 결정'이다. 그 매뉴얼에 적힌 82가지의 자질과 요건 중에는 책임과 결정에 관한 것들이 많다. 그리고 책임의 핵심은 '회사의 비전과 사업의 목표를 최대한 구체화하여 보여주는 것이다'라고 적었다. 결정의 핵심은 '확실하고 빠르게 하는 것이다'라고도 적었다.

리더는 조직원들에게 회사의 현재와 미래를 최대한 상세하게 그려줘야 한다. 그것이 리더의 책임이다. 그리고 조직원들이 헷갈리지 않도록 명확하게 결정해야 한다. 그렇지 않으면 조직원들이 동요하게 마련이다. 리더에 대한 믿음이 흔들린다는 것이다. 결국 조직원들이 리더의 책임감을 의심한다면 그 회사는 더 이상 미래가 없다.

사람들마다 중요하게 생각하는 리더의 덕목이 각기 다를 것이다. 책임과 결정 다음으로 내가 중요하다고 생각하는 4가지는 다음과 같다.

리더는 창의력과 문제 해결력을 갖춰야 한다

나는 4장의 '리더십, 인간관계 전문가가 돼라'에서 리더는 자기를 따르는 조직원들보다 더 힘들고, 더 복잡하고, 더 어려운 것을 해결하는 사람이라고 했다. 하지만 회사에서 항상 윗사람들이 하는 말이 있다. "새로운 것을 해서 돈을 벌어야 한다. 단, (내가 잘리면 안 되니까) 문제가 생기지 않도록!" 새로운 것을 하면서 문제없이 돈을 버는 것. 이것이 가장 힘들고, 가장 복잡하고, 가장 어려운 일이다. 이런 일을 리더가 앞장서서 해야지 직원들에게 지시하기만 하니 매번 술자리 안줏거리가 되는 것이다. 이런 일을 하는 데 필요한 능력이 바로 창의력과 문제 해결력이다. 나는 이 2가지 능력을 갖추는 방법을 3장과 4장에서 이미 설명했다.

리더는 다양성을 인정하고, 유연성 있는 사람이어야 한다

한번은 상무님 한 분과 과장 한 명과 함께 해외 출장을 간 적이 있다. 내수 영업을 잘하기로 소문난 그 과장이 바이어 앞에서 회사 소개를 하는데, 영어로 작성된 노트를 읽는 것을 보고 놀랐다. 나는 '임원하고 해외 출장을 오는데, 이 정도도 준비를 안 했나'라고 생각했지만, 미팅을 마친 후에도 동행한 상무는 한마디도 그 과장을 꾸짖지 않았다. 이후 사석에서 그 이유를 물어보자 상무는 이렇게 답했다. "각자 잘하는 것이 있는 거야. 나이 서른

중반을 넘긴 사람을 이제 와서 어떻게 고치겠어."

나는 함께 일한 직원들을 분석해서 자료로 만들었다. 직원들의 유형을 5가지로 분류하고 주요 특징과 유형별 관리 방식을 정리한 것이다. 각기 다른 직원들의 다양성을 인정하고, 거기에 맞춰서 유연하게 관리하기 위해서다. 당근을 줘야 할 사람에게 채찍을 들이대봐야 소용없다. 또한 채찍으로 인도해야 할 사람에게 당근을 준다 한들 바뀌지 않는다. 각자에게 맞는 방식으로 업무를 주고 관리해야 성장할 기회가 있는 것이다. 모든 직원에게, 모든 업무에 대해, 항상 최선과 최고를 원하면 안 된다. 그런 리더는 언뜻 직원들을 열심히 챙기는 것처럼 보이지만, 직원들에게는 독재자나 다름없다.

직원들에게 '수고했어, 고맙다'는 말을 반드시 한다

리더가 보기에 직원들이 하는 일이 만족스러울 때도 있지만 부족할 때도 많을 것이다. 앞에서 직원들의 다양성을 인정하고 내가 유연하게 관리해야 한다고 말했다. 잘하는 사람이 있고, 못하는 사람도 있게 마련이다. 모든 직원들이 뛰어나다고 해도 그 중에서 상대적으로 더 잘하는 직원이 있다. 분명한 것은 그들은 일을 했다는 것이다. 수고한 것은 사실이다. 그리고 고마운 것도 사실이다. '수고했어, 고맙다'라는 리더의 한마디가 얼마나 큰 동기부여가 되는지 알지 못한다면 리더로서 기본을 갖추지 못한 것이다. 자식이 병든 부모에게 음식을 만들어 왔다고 하자. 그 음식이 맛있든 맛없든 부모는 '수고했어, 고맙다'라고 말할 것이다. 이 한마디를 놓치는 부모는 없다. 그 마음과 같은 것이다. '수고했어, 고맙다'라는 말을 하면 직원들은 자신이 한 일에 보람을 느낀다. 이 한마디가 그런 엄청난 마술을 부린다. 공부하는 자식이 매번 시험 성적표를 받아올 때마다 "너는 왜 항상 이 모양이냐", "그래, 네 수준이 그렇지. 뭐"라고 말한다면 공부를 하고 싶겠는가.

함구무언. 입은 무겁게, 몸과 마음은 진중히 한다

리더의 입에서 나오는 말은 무엇이든 영향력이 크다. 회사 내부에서도 그렇고 외부에서는 더욱 그렇다. 그래서 리더는 입이 무거워야 한다. 리더의 입에서 나오는 불평 불만은 조직원들을 불안하게 만들고, 생각 없이 던지는 한마디가 그들의 가슴에 비수로 꽂힐 수도 있다. 리더는 두 번, 세 번 생각하고 말해야 한다. 본인의 말이 어떤 영향을 미칠지를 생각해야 한다는 것이다. 입을 열기 전에 두 단계, 세 단계 앞까지 내다봐야 한다. 그래야 진정한 리더만이 가질 수 있는 무게감이 생긴다. 이것이 리더의 자기관리 중 하나다.

나는 이 매뉴얼에 리더의 '겸손과 배려'와 관련해서 옳지 못한 사례들도 적어두었다. 몸과 마음이 진중하지 못한 사람들이 많다. 사회생활을 하다 보면, 겸손과 배려라는 단어 자체도 모르는 듯한 사람들이 있다. 자기 입으로 자랑을 늘어놓아야 리더로서 가치를 알아줄 것이라고 생각하는 사람들, 아랫사람들을 무조건 압박해야 훌륭한 리더라고 생각하는 사람들이 있다. 놀랍게도 가끔은 리더에 대한 최소한의 예의를 넘어서서 마치 머슴과 같은 복종을 요구하는 사람들도 있다. 누가 예의가 없는 것인지 모르겠다. 요즘 흔히 말하는 갑질을 일삼는 리더들 말이다.

성공적인 인생은 모두 당신 하기에 달렸다!

이 책을 쓰면서 처음 출판사를 찾아갔을 때의 목적에 충실하고자 최대한 노력했다. 그 목적은 바로 프로 직장인이 어떻게 일하는지를 알려주는 것이다. 따라서 프로 직장인이 되어야 하는 이유와 갖추어야 할 능력, 그리고 일하는 방식을 상세히 설명하고자 했다. 나는 모든 직장인들이 프로 직장인의 마음으로 일하고 성공하기를 바란다. 그리고 현재 사업을 하고 있는 사람들은 이 책을 통해 자신을 들여다보고 더 체계적이고 안정적으로 회사를 운영하기를 바란다.

프로 직장인이 되기 위한 여정은 한 살이라도 젊었을 때 시작해야 한다. 나 또한 일찍 시작했다. 하지만 이 책을 통해 모든 직장인이 프로가 되기를 바라지만, 모든 사람들이 그렇게 될 수는 없다는 것을 알고 있다. 그리고 '회사는 소수의 뛰어난 사람들이 끌어간다'는 것을 강조하고 싶다. 그들이 회사를 강하게 만드는 것이다. 이 책을 마무리하면서 자질 있는 젊은 예비 프로 직장인들에게 당부하고 싶은 것이 2가지 있다. 이 2가지를 마음에 새긴다면 분명 성공적인 인생이었다고 스스로 깨닫는 날이 올 것이다. 모든 것은 당신 하기에 달렸다는 뜻이다.

도광양회

앞에서도 언급했듯이 '도광양회(韜光養晦)'는 '자신을 드러내지 않고 때를 기다리며 실력을 기른다'는 의미다. 사회생활을 하면서 충분한 자질을 갖춘 젊은 직원들이 회사를 떠나는 경우를 많이 봤다. 하지만 나는 솔직히 그들을 떠나게 한 회사보다, 회사를 나갈 수밖에 없었던 그 친구들의 행동이 더 아쉽다는 생각이 든다. 남들보다 튀는 행동을 하는 사람은 눈에 띄게 마련이다. 모난 돌이 정 맞는다는 말도 있지 않은가.

어쩌면 나의 '회사 생활 원칙'은 이 '도광양회'를 위해 나를 가다듬고 관리하는 방법일지도 모른다. 보통 사회생활의 기본적인 태도가 흐트러지면 그 숨겨놓은 빛이, 바로 자신의 속마음이 드러나기 때문이다. 나 잘났다고 자랑하고 싶을 수도 있고, 더 많이 안다고 알은척하고 싶을 수도 있다. 하지만 참아야 한다. 괜한 오해를 사서 적을 만들면 안 된다. 회사에는 당신을 지켜보는 사람들이 참으로 많다. 그들 모두가 따뜻한 시선으로 당신을 지켜볼 것이라고 생각하면 아주 큰 오산이다. 그 반대의 경우가 몇 배는 더 많다. 반드시 기본적인 태도를 지키면서 자신을 낮춰야 하는 이유다.

강아지 새끼인 줄 알고 키웠는데 날카로운 발톱을 숨긴 호랑이 새끼였다면 당신은 어떻게 하겠는가? 조직도 마찬가지다. 숨기고 살아야 한다. 당신과 같은 생각을 가진 사람들은 많지 않다. 그런 사람들이 많다면 당신을 더 키워주려고 할 것이다. 그 호랑이 새끼를 키워 날개까지 달아주려고 할 것이다. 하지만 세상은 냉정하다는 것을 다시 한 번 강조하고 싶다. 자기를 잡아먹을지도 모르는 호랑이 새끼를 곁에 둘 리 만무하다. 그렇다고 당신을 알아봐 주지 못한다고 섭섭해하지 마라. 스스로 알고 있으면 된다. 그렇게 조용히 실력을 키워가면 되는 것이다. 그리고 때가 되면 당신을 알아보고 찾아오는 사람들이 분명 있을 것이다. 내가 경험했기에 확실하게 말할 수 있다. 왜냐하면 당신과 같은 생각을 가진 사람이 많지 않을 뿐 분명히 있기 때문이다. 그리고 그 사람은 프로 직장인이다.

'10년'을 기억하라

책을 다 읽었다면 프로 직장인의 구체적인 목표를 알게 되었을 것이다. 그리고 프로 직장인이 되기 위해서는 어느 정도의 시간이 필요한지도 알 것이다. 2장에서 '디테일의 완성, 10년'이라고 했다. 10년은 결코 짧은 시간이 아니다. 하지만 힘든 시간은 더더욱 아니다. 프로 직장인은 그 시간을 즐기면서 실력을 쌓아간다. 나 역시 힘들다고 생각해본 적이 없다. 다만 남들처럼 '놀지' 못한다는 것은 인정한다. 놀고 싶고 쉬고 싶어도 참아야 한다. 그래야 10년 후에 보상이 있을 것이다. 젊은 예비 프로 직장인들은 10년 동안 계속 멈추지 않고 달려야 한다.

라온아시아 출판사와 두 번째 미팅을 했을 때의 일이다. 출판사에서는 책을 쓰는 저자가 어떤 사람인지 먼저 파악해야 한다고 말했다. 첫 방문부터 나도 그런 출판사의 진지함과 체계적인 출판 준비 과정이 마음에 들었다. 그렇게 출판사 대표와 편집부장과 함께 인터뷰를 시작했다. 내 매뉴얼들을 보고 그분들이 했던 질문을 아직도 생생히 기억한다.

"혹시 본인이 워커홀릭(workaholic)이라고 생각하십니까?"

"요즘 젊은 사람들의 워라밸('work-life balance'의 준말)을 어떻게 생각하십니까?"

우선 나는 워커홀릭이 아니라고 했다. '워커홀릭'이란 개인적인 것들을 희생하면서까지 일을 최우선시하는, 말 그대로 일에 중독된 것이다. 나는 개인적인 것들을 포기한 적이 없다. 일보다 가족이 우선이고, 그중에서도 내 건강이 최우선이다. 나는 개인적인 것들이 아닌 쓸데없는 것들을 포기한 것이다.

'워라밸'에 대해서는 "우선 미뤄야 한다"고 대답했다. 프로 직장인이 된 다음에 워라밸을 실현하면 된다고 말이다. 그때가 되면 워크(work)는 최소화하고, 라이프(life)만 즐길 수도 있을 것이다. 인생을 즐기면서 프로 직장인이 될 수는 없다. 프로 직장인이 된 다음에 즐기면 된다. 그리고 나는 확신한다. 프로 직장인이 되고 나서 즐기는 것이 더 즐겁다. 그 이유는 간단하다. 그때는 미래에 대한 걱정이 없기 때문이다. 경제적인 불안도, '나중에 무엇을 해야 하나?' 하는 불확실성도 없다.

성공한 사람들이 성공하는 방법은 이미 나와 있다. 전 세계의 수많은 성공한 사람들이 이야기하지 않았는가. 하지만 나는 이 책을 통해 나만의 방식을 전달하고 싶다. '프로 직장인'이라는 이름으로 말이다. 프로 직장인이 되기 위해, 성공하기 위해, 조급하게 생각할 필요는 없다. 자만하거나 내세우지 말고 정해진 시간 동안 준비하면 된다.

그럼 당신은 나에게 이런 질문을 할 것이다. "그럼 도대체 10년이든 그 이상이든 프로 직장인의 목표에 도달했다는 것을 어떻게 알 수 있습니까?" 그것은 내가 답할 필요가 없다. 그때가 되면 당신이 더 잘 알게 될 테니 말이다. 당신이 만나는 '귀인'을 통해 배우고자 했던 전문성에 놀라는 순간보다, 당신이 그들의 실력과 능력을 인정하는 순간이 더 많아진다. 그리고 당신이 만나는 '고수'에게 깨달음을 얻고 깊은 감명을 받는 시간보다, 그들과 공감하는 시간들이 더 많아질 것이다. 당신이 이미 그들처럼 하고 있고 가슴에 깊이 새기고 있기 때문이다. 그때가 언제인지는 스스로 알게 된다. 프로 직장인이 된 순간 자연스럽게 알게 된다.

난생처음 주식투자

이재웅 지음 | 13,800원

'판단력'만 있으면 주식 투자 절대 실패하지 않는다!
차트보다 정확한 기업 분석으로 적금처럼 쌓이는 주식 투자법!

쪽박에 쪽박을 거듭하던 저자가 전문 주식 투자자가 되기까지! 저자가 터득한 가장 효과적인 공부법과 이를 바탕으로 실전에서 활용할 수 있는 효과적인 투자 노하우를 담은 책이다. 1장에는 저자의 생생한 투자 실패담과 많은 주식 투자자들이 실패하는 이유에 대해, 2장에는 주식 투자에 밑바탕이 되는 기본 지식 공부법과 습관에 대해 설명한다. 그리고 3장부터 본격적으로 주식 투자에 필요한 용어 설명, 공시 보는 법, 손익계산서 계산법, 재무제표 분석법, 사업계획서 읽는 법, 기업의 적정 주가 구하는 법 등 투자에 필요한 실질적인 노하우를 6장까지 소개하고 있다. 마지막 부록에는 저자가 실제 투자를 위해 분석한 기업 7곳의 투자노트가 담겨 있다.

부자근육을 키워라

백승혜 지음 | 13,800원

평범한 당신도 하루 10분 재테크 공부만으로
부자근육 키워 부자 되는 6단계 트레이닝!

부자가 되고 싶은 마음은 굴뚝같은데 한 번도 계획을 지키지 못하는 이유는 뭘까? 바로 '기본기'가 없기 때문이다. 계획을 끝까지 밀어붙이고 부자가 되려면 재테크 '기술'을 익히기에 앞서 어떤 지식과 정보도 돈 되는 정보로 바꿔주는 '부자근육'을 가지고 있어야 한다.

《부자근육을 키워라》는 하루 10분 틈틈이 하는 재테크 공부만으로 부자근육 만드는 법을 6단계로 제시한다. 부자가 되고 싶은 열망만 있고 시도는 해보지 못했거나 무엇부터 시작해야 할지 모르는 사람, 재테크를 시작했다가도 금방 포기하는 사람이라면 이 책을 통해 탄탄한 내공을 다질 수 있을 것이다.